KB200832

말씀으로 기도하라

말씀으로 기도하라

지용훈

규장

온전한 묵상과 기도를 위한
말씀암송

암송하며 적진을 향해

저는 200여 개국 400여 민족이 모여 살며, 한 해에 수천만 명의 관광객이 모여드는 뉴욕에서 하나님나라의 복음을 전합니다. 또한 도시와 나라를 묶고 있는 악한 사단의 세력들과 기도로 영적전쟁을 치르기도 합니다.

특히 맨해튼의 월스트리트(금융의 중심)와 타임스퀘어(소비의 중심)에서는 돈의 배후에서 역사하는 맘몬과 탐욕의 영을 대적합니다. 또한 브로드웨이에서는 문화와 예술, 미디어와 패션을 통해 하나님 이외의 다른 것들을 예배하도록 하는 사단의 궤계를 대적하는 영적전투를 합니다. 그리고 전 세계에서 단위 면적당 가장 많은 디아스포라 유대인들이 모여 사는 브루클린에서는 장자 이스라엘을 향한 아버지의 뜻이 이루어지도록 기도하고 있습니다.

제가 뉴욕에 와서 사역을 하는 현재의 모습은 2001년에 하나님께서 주신 비전인 여호사밧의 노래하는 군대의 모습이 이루어지고 있는 것입니다. 역대하 20장의 여호사밧 군대는 모압, 암몬 그리고 마온 족속, 즉 이방 세 나라 연합군이라는 적진을 향하여 노래하며 나아갔습니다. 여호사밧 왕은 그런 군대에 먼저 거룩한 예복을 입혔습니다. 그리고 "여호와께 감사하세 그 인자하심이 영원하도다"라는 노래를 부르게 했습니다(대하 20:21). 그 노래는 바로 시편 136편이지요.

그러나 그들은 치열한 전쟁의 상황에서 시편 말씀이 적힌 악보나 두루마리 성경을 보면서 찬양하지 않았습니다. 그들은 다윗의 시편 말씀을 암송으로 찬양하며 적진을 향해 나아갔습니다. 그들이 암송하며 선포한 것은 평소에 하나님을 향한 그들의 신앙의 고백이었습니다. 그리고 그것이 전쟁에서 승리를 체험하게 하는 원동력이 되었습니다.

전도와 성경암송

하나님께서는 하나님 앞에서 노래하며 적진(뉴욕)에 대항해서 찬양하며 나아가는 여호사밧의 군사로 쓰실 계획으로 제게 성악을 전공하게 하셨습니다. 그리고 27년 동안 거듭남의 체험 없이 그저 교회만 왔다갔다 하며 방황하던 저를 인격적으로 찾아오셔서 거룩한 예복을 입혀주셨습니다. 또한 말씀을 암송하여 선포하며 나아가는 자로 삼으시기 위해 십자가의 도(道)를 깨닫게 하셨고, 그와 관련된 말씀들과 야고보서를 암송하게 하셨습니다. 그리고 뉴욕 거리 전도와 찬양 및 중보기도 사역으로 부르시기 직전에 성령님과 관련된 성경구절들과 에베소서를 암송하게 하셔서, 뉴욕 맨해튼과 브루클린에서 복음 전도자로 저를 사용하고 계십니다.

몇 년 전, 한 청년과 전도 훈련을 했습니다. 그 청년이 길에서 만난 한 미국인과 대화를 한 후, 제게 와서 말했습니다.

"목사님, 지금 저 사람에게 창피를 당하고 오는 길입니다. 오히려 그에게 가르침을 톡톡히 받았습니다. 제가 전도지에 있는 것을 읽으면서 복음을 설명해주었더니, 그가 '너는 네가 확신하는 그 내용을 외우지도 않고 어떻게 나에게 선포하는 거지? 네 말을 신뢰할 수 없어서 더 이상 못 듣겠다'라고 하더니 가버렸어요."

그때 저는 복음에 대해 확신하는 만큼 그 복음을 암송하여 완전히 내 것으로 만들어야겠다는 생각을 했습니다. 그리고 이후에 암송되어진 복음이 얼마나 강력한 것인지 알 수 있었죠. 한국과 뉴욕의 전도 현장에서 아주 짧은 시간일지라도 제가 암송으로 선포하는 복음을 듣고 나서 울며 회개하고 복음을 받아들인 사람들을 많이 만났습니다.

제가 처음부터 전도할 목적으로 성경을 암송한 것은 아니었습니다. 십자가의 도가 깨달아지자마자 그 말씀을 마음에 깊이 새기고 싶어서 암송을 했고, 성령님을 더 잘 집중하여 바라보고 싶어서 '성령'이라는 글자가 들어 있는 성경구절을 모두 뽑아서 암송했습니다. 그런데 암송된 말씀들이 제 개인 신앙생활을 지탱할 뿐 아니라, 많은 영혼을 주님께로 돌이키는 도구로 쓰임 받고 있습니다.

여호사밧 군대가 적진을 향해 나아갈 때 시편 136편을 노래한 것이 평소에 하나님을 예배했던 신앙고백으로서의 암송의 모습이었다는 것과 같은 차원이었습니다. 역대하 20장 말씀을 비전의 말씀으로 준비하시고, 한 치의 오차도 없이 그에 맞는 모습으로 쓰시기 위해 찬양과 성경암송으로 훈련시키시고, 전도자의 모습으로 부르셔서 세계 선교의 현장인 뉴욕의 한복판에 세우신 하나님의 경륜을 찬양합니다.

온전한 큐티는 암송이다

우리의 삶은 영적전쟁의 연속이라고 해도 과언이 아닙니다. 이런 삶에서 승리하기 위해서는 반드시 거룩한 예복을 입어야 합니다. 즉, 그리스도로 옷을 입어야 합니다. 그러기 위해서는 그리스도의 말씀을 소유해야 하는데, 그것이 바로 '성경암송'이라고 해도 지나친 표현이 아닐 것입니다. 평상시 육신의 일을 도모하지 않고 그리스도로 옷을 입기 위해서(롬 13:14) 성경을 암송하여 내 안의 성령님을 바라보는 훈련을 잘하게 되면 삶의 현장에서도 반드시 승리하는 삶을 살게 될 것이기 때문입니다.

성경암송은 특별한 프로그램이 아닙니다. 자녀들만을 위한 양육 프로그램도 아닙니다. 단지 교회에서 어떠한 절기에 치러지는 일회용 행사도 아닙니다. 성경암송은 모든 성도들이 매일 경험해야 할 자아부인 기도의 본질이요, 성령님께 온전히 집중할 수 있게 하는 최고의 방법입니다.

저는 이 책을 통해 독자들이 큐티(QT)를 재조명하게 되기를 바랍니다. 그리하여 성경암송이 묵상의 본질임을 알고 암송기도를 하는 자가 되어 골방에서 성령님과 더 깊은 친교를 나누게 되기를 원합니다. 또한 골방에만 머무는 것이 아니라 그 깊은 영성으로 잃어버린 영혼을 향한 야성이 회복된 거룩한 신부로 준비되기를 바랍니다.

출간의 기쁨을 먼저 사랑하는 가족들과 나누기를 원합니다. 그리고 제 신앙에 영향을 주신 수많은 멘토님들께 감사의 인사를 드리며, 한국과 해외에 계신 여러 동역자들과 여호사밧복음사관학교 졸업생들, 그리고 기도와 물질로 후원해주시는 중보기도자들과 함께 기쁨을 나누기 원합니다.

끝으로 이 책을 통하여 늘 성경말씀을 암송하는 신앙인이 되어, 광야에 길과 샘을 만드시는 하나님의 새로운 은총 안으로 들어가실 모든 분들께 뜨거운 응원의 박수를 드립니다.

9

프롤로그

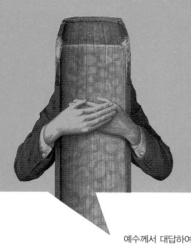

예수께서 대답하여 이르시되 이 물을 마시는 자마다 다시 목마르려니와
내가 주는 물을 마시는 자는 영원히 목마르지 아니하리니
내가 주는 물은 그 속에서 영생하도록 솟아나는 샘물이 되리라
요한복음 4장 13,14절

머리와 눈으로 읽는 말씀에서

몸과 영으로 읽는 말씀으로

"

저는 지금도 성경암송기도를 하고 있고,
최근에는 마가복음 전체를 암송했으며,
갈라디아서 암송을 새롭게 시작했습니다.
현재 암송할 수 있는 모든 구절들을 합치면
약 2,000구절 정도가 됩니다.
저는 성령님과 친밀한 교제를 위하여
모든 암송 구절들을 되새김질하고 있고,
새로운 구절들을 계속 암송하고 있습니다.

"

성경암송기도로 이끄신 성령님

자아와의 처절한 싸움

저는 교회에 다닌 지 27년 만인 1992년에 성경을 읽다가 예수님을 인격적으로 만났고, 그때부터 본격적으로 주님과 사랑에 빠지게 되었습니다. 그 후 성경을 통해 주님을 더 깊이 알아가며 교제하는 삶을 살게 되었죠. 그리고 큐티 방법을 소개해주는 책들을 통해 하나님의 음성을 듣는 법을 배우고, 그대로 큐티를 하기 시작했습니다. 그것이 제 초창기 신앙생활에 큰 도움이 되었죠.

그런데 어느 날부터인가 알 수 없는 곤고함을 느끼게 되었습니다. 예수님을 인격적으로 만난 지 5년 만에 갈라디아서 2장 20절을 통해서 십자가의 도를 깨닫자마자 그것이 자아의 문제였다는 것을 알게 되었죠. 그때부터 저는 자아와의 처절한 싸움을 시작했습니다. 그러나 시퍼렇게 살아 있는 제 자아가 저를 수시로 절망에 빠뜨리곤 했습니다.

'드러나 보이며 느껴지는 자아를 살아 있는 것으로 간주할 것인가, 아니면 그 자아가 십자가에 이미 죽었다는 말씀(갈 2:20)을 믿고 선포할 것인가?'

내면에 심각한 갈등이 생겼습니다. 저는 어린아이같은 믿음을 택하기로 했습니다. 자아가 죽었다는 것을 믿고 선포하기 시작했죠. 그런데 말씀을 실상으로 믿고 선포할 때마다 사단이 제 믿음을 비웃는 듯했습니다. 제게는 사단의 그 비웃음을 이길 다른 묘책이 없었습니다. 오로지 쓰여진 말씀이 사실임을 믿고 계속 입술로 선포하는 것밖에 없었죠. 주님이 쓰신 성경말씀을 진리로 믿고 선포해드리는 것이 주님에 대한 제 사랑을 표현할 수 있는 전부였습니다.

그러한 처절한 갈등 가운데 또 다른 심각한 곤고함이 있었습니다. 큐티 속에서 말씀을 새롭게 깨달았다고 기뻐했던 것조차 제가 이미 알고 있는 선(先)지식의 테두리 안에 머물고 있다는 걸 발견하게 되었죠. 다람쥐가 쳇바퀴를 돌듯 제자리에서 맴도는 자신을 직시하게 된 것이죠.

예수께서 대답하여 이르시되 이 물을 마시는 자마다 다시 목마
르려니와 내가 주는 물을 마시는 자는 영원히 목마르지 아니하
리니 내가 주는 물은 그 속에서 영생하도록 솟아나는 샘물이
되리라 _{요 4:13,14}

저는 생수의 강이신 성령님께 더 깊이 들어가고 싶었습니다.
그래서 말씀을 깨닫고 제 삶에 적용점을 찾고자 하는 큐티 방식
을 뒤로 하고, 먼저 내 안에 계신 성령님께만 초점을 맞춰 보기 시
작했습니다. "이미 그분이 내 안에 완벽한 진리로 계신다"라는
어린아이같은 믿음으로 기존의 큐티 방식을 내려놓은 것입니다.

당시 제 큐티가 지식적인 차원에서 머물고 있다는 것을 확실하
게 깨닫게 해준 책이 잔느 귀용의 《예수 그리스도를 깊이 체험하
기》(The simplicity of prayer)였습니다. 저는 이 책을 통해 성경읽기가
하나님에 대한 지식을 쌓게 해주는 것 이전에 제 안에 계신 성령님
께 집중하며 사랑하기 위해 기도하는 것임을 알게 되었습니다.

그 뒤로 예수님만 바라보며 사랑하는 기도를 하기 시작했죠. 그
런데 기도할수록 예수님에 대한 옛 지식이 기도를 막았습니다. 새
부대가 되고 싶은데 이전 경험의 옛 부대가 주님을 바라보며 더
사랑하는 것을 방해했죠. 저는 그런 옛 자아가 정말 싫었습니다.
그래서 자아가 이미 죽었다는 갈라디아서 2장 20절이 제게는 복

음이었습니다.

성령님을 갈망함

갈라디아서 2장 20절 말씀을 선포할수록 주님께 요청할 것이 아무것도 없었습니다. 믿음으로 계속 선포하는 것만으로도 자유와 승리를 누릴 수 있게 되었죠. 제가 그리스도와 함께 죽었다는 선언으로 사단, 세상, 육신, 죄 그리고 율법에 반응하던 제 옛 생명은 지나가고 다시 새것이 되어(고후 5:17) 새롭게 하나님의 나라를 누릴 수 있게 되었습니다. 그런데 더 놀라운 것은 제가 누릴 십자가의 연합이 죽음의 연합에서 멈춘 게 아니라 부활의 연합과 승천하여 보좌에 앉으신 주님과의 연합으로 이어졌다는 것이었습니다.

> 허물로 죽은 우리를 그리스도와 함께 살리셨고 (너희는 은혜로
> 구원을 받은 것이라) 또 함께 일으키사 그리스도 예수 안에서
> 함께 하늘에 앉히시니 엡 2:5,6

그것을 깨닫게 해주시는 분이 제 안에 들어와 연합하신 성령이셨습니다.

그날[성령이 임하는 날]에는 내가 아버지 안에, 너희가 내 안에,
내가 너희 안에 있는 것을 너희가 알리라 요 14:20

저는 그때부터 성령님만을 더 구하게 되었습니다. 그렇게 해도
되는 이유가 분명했습니다. 예수님과 함께 보좌에 앉아 있는 것을
진정으로 믿는다면, 보좌는 이미 모든 하나님의 뜻이 완전하게 이
루어진 곳이므로 구할 것이 성령님밖에 없습니다. 그때부터 단편
적인 해답이 되는 말씀만을 구하는 차원의 큐티를 멈추고 성령님
만을 믿고 바라보기 시작했습니다. 제 모든 것의 모든 것 되시는
성령님이 제 안에 계시기에 그분을 믿고, 바라보고, 사랑하는 것
외에는 더 이상 구할 것이 없었죠.

그러자 성령님은 제가 기도할 때마다 저를 예수님과 함께 연합
된 하늘 보좌로 끌어올리셨습니다. 이 세상에 가장 은밀한 곳은
바로 제 영이었고, 제 영은 바로 하늘보좌로 이어졌으며, 그 보좌
에서 생수의 강이 흘러넘쳐서 저를 덮는 것을 체험했습니다. 하늘
보좌로부터 흘러넘치는 생수의 강은 곧바로 제 영에 부어졌고, 제
영으로부터 밖으로 흘러넘쳤죠.

결국 제 영과 하늘보좌의 골방기도는 실제적으로 삶의 모든 주
권을 주님께 드리게 되는 완전한 헌신의 기도로 저를 이끌었습니
다. 그렇게 저를 완전히 비우며 삶의 주권을 전적으로 하나님께 드

리고 나자 주님은 제게 복음 전도자로의 소명을 주셨습니다.

모두 생각나게 하리라

십자가의 도를 깨달으면서부터 말씀을 암송하기 시작했고, 그와 별개로 제 안의 성령님을 바라보는 단순한 기도도 계속 시도하고 있었습니다. 그러나 그 기도는 성공적이지 못했습니다. 주님께 제대로 집중하지 못하고 수많은 다른 생각들이 올라와 더 이상 깊은 기도로 들어가지 못하는 자신을 발견했습니다.

그래도 성령님 한 분께만 집중하는 기도를 결코 포기하지 않았습니다. 그러다가 하나님의 인도하심을 따라 세계선교의 꿈을 품고 미국으로 오게 되었고, 말씀암송과 단순한 기도의 삶이 9년이나 흘러 2006년 9월이 되었습니다.

성령님이 저를 불쌍히 여기시고 새롭게 찾아오셨습니다. 그때의 감격은 지금도 잊을 수가 없습니다. 성령께서는 "예수께서 자신(성령)에 대해 말씀하신 성경을 암송하여 새벽에 공원으로 나오라"라는 조명을 주셨는데, 이것이 무엇보다 성령님께 집중하기에 가장 효과적인 방법이라는 생각이 들었습니다.

그래서 요한복음 14장부터 16장에 성령님의 이름이 들어 있는 구절들을 암송하기로 하고, 요한복음 14장 16절부터 암송하기 시작했습니다. 그리고 새벽에 공원으로 나가서 몸을 흔들며 큰 소리로 그 구절을 암송하며 성령님께 집중하기 시작했습니다. 그런데 이상한 현상이 일어났습니다. 앞의 세 단어인 "내가 아버지께 구하겠으니"만 되풀이되었습니다. 저도 모르는 사이에 그 말씀을 반복하여 되새김질하게 된 것입니다. 의지적으로 다음 구절로 넘어가려고 해도 이상하게 그 부분만 반복되었죠.

심하게 몸을 흔들며 세 단어만 반복하는 모습은 제가 보기에도 정상이 아닌 사람처럼 보였습니다. 그러나 반복하는 가운데 9년 만에 처음으로 성령님께 집중이 상당히 잘되는 것을 느꼈습니다. 그때 그 기쁨은 이루 말할 수 없이 컸습니다. 그 집중의 시간이 30분 정도 흘렀을 때 전혀 예상치 못한 새로운 기름부으심을 체험하게 되었습니다. 이전에는 맛볼 수 없던 것이었죠.

동시에 하늘에서 전혀 새로운 말씀들이 내려왔습니다. 아버지로부터 듣는 것을 말씀하시는 성령께서 아버지의 말씀을 실제로 제게 새롭게 내려주시는 것을 체험한 것입니다(요 16:13). 대개 새로운 지식을 얻기 위해서는 누군가의 방해를 받지 않고 조용히 책상에 앉아 성경책과 기타 다른 자료를 찾는 분위기가 필요합니다. 그러나 당시 제 모습은 정반대였죠. 생각을 비우기 위해 빠른 속도로 걸으면서 몸을 좌우 앞뒤로 흔들며 완성된 문장도 아닌 몇 개의 단어만을 되풀이하는 번잡스러운 모습이었습니다.

누가 보기에도 그 모습은 말씀을 묵상하는 분위기가 아니었습니다. 그렇게 세 단어를 무식할 정도로 반복하며 단순히 성령님만을 바라보는 가운데 쏟아지는 깨달음은 이전과는 전혀 다른 차원에서 나오는 것임을 확실히 알 수 있었습니다. 저는 그 깨달음들이 신기하고 귀해서 모든 것을 멈추고 빨리 집으로 들어가서 그것들을 정리하고 싶었습니다. 그러나 성령님이 막으시는 것 같았습니다.

'그대로 이 기도를 계속하라. 다음 부분으로 넘어가라. 나중에 내가 모두 생각나게 하리라.'

그래서 그 다음 "그가 또 다른 보혜사를 너희에게 주사", "영원토록 너희와 함께 있게 하리니" 두 부분의 말씀을 각각 반복하여 되새김질을 하며 성령님께 집중하는 사이 또다시 새로운 하늘의 지혜가 쏟아지는 것을 경험했습니다. 결국 요한복음 14장 16절, 이 한 구절을 두 시간가량 소리 내어 암송하며 성령님만을 바라보게 되었습니다.

그것은 성령님을 바라보는 기도에 성경암송을 처음으로 접목하는 것이었죠. 저는 그날부터 성경 속에 나오는 성령님에 대해 쓰여진 다른 구절들도 찾아 암송으로 기도하게 되었고, 결국 신약에 나오는 성령님에 대한 모든 구절을 암송하게 되었습니다.

2006년 9월부터 시작된 이 기도를 통해 새로운 성령의 기름부으심을 많이 체험하게 되었습니다. 새 기름부으심은 미래의 새로운 사역을 준비하게 하시는 하나님의 놀라운 섭리였습니다. 그로 부터 약 1년 3개월 후 저는 교회 사역을 내려놓게 되었고, 뉴욕 맨해튼으로 가서 세계 열방 민족들에게 전도하기 시작했습니다. 그리고 불과 1년도 안 돼 월스트리트에서의 전도와 중보기도 사역이 많은 사람들에게 알려지게 되었습니다. 이후 미국과 한국의 여러 교회에 집회 사역을 다니게 되었고, 2010년에는《나는 뉴욕의 거리 전도자》(규장 간)라는 책도 내게 되었죠.

저는 지금도 성경암송기도를 하고 있고, 최근에는 마가복음 전체를 암송했으며, 갈라디아서 암송을 새롭게 시작했습니다. 현재 암송할 수 있는 모든 구절들을 합치면 약 2,000구절 정도가 됩니다. 저는 성령님과 친밀한 교제를 위하여 모든 암송 구절들을 되새김질하고 있고, 새로운 구절들을 계속 암송하고 있습니다.

이 책의 내용들은 논문을 쓰듯이 여기저기서 암송에 대한 자료를 모은 것이 아닙니다. 오랜 기간 성경암송기도로 성령님께 집중해온 경험을 통해 알게 하신 것과 실제로 암송하고 있는 말씀들을 기초로 하여 쓴 것입니다. 현재의 제 삶과 성경암송기도는 깊은 연관성이 있습니다.

저는 매일 새날을 주실 때마다 암송기도로 자아를 부인하여 성령님을 바라보는 단순한 기도를 통해 골방에서 노방으로, 그리고 열방으로 나아가고 있습니다. 그리고 성령님께 집중하는 암송기도에 대한 경험들을 '여호사밧복음사관학교'라는 3박 4일의 캠프에 담아내면서 문화, 예술, 미디어 분야의 지원자와 종사자 청년들을 그리스도의 군사로 세우기 위해 그들을 섬기고 있습니다.

성경암송은 신앙의 기초

우리가 성경을 암송해야 하는 이유는 성경암송이 특별한 프로그램이어서가 아니라 신앙의 기초이기 때문입니다. 소리 내어 성경을 암송하여 선포하는 것 자체가 기도, 찬양, 예배, 중보기도, 영적전쟁, 그리고 전도의 핵심 요소입니다.

기도의 본질은 주님의 뜻을 구하고 그 뜻을 선포하는 것입니다. 주님의 뜻은 성경에 나타나 있습니다. 그러므로 성경을 암송하면서 선포하는 것, 그것이 기도의 핵심입니다. 또한 기도의 기초는 자아를 부인하는 것입니다. 그러므로 성경을 암송할 때 생각이 맑게 비워지는 모습은 기도의 중요한 요소 중 하나입니다. 따라서 성경을 소리 내어 암송하며 마음 위에 주의 뜻이 담긴 말씀을 올려놓는 것이 바로 기도입니다.

찬양과 예배는 주님의 이름과 성품, 그리고 섭리를 높여 드리는 것입니다. 그런데 모든 성경의 말씀들은 하나님께서 어떠한 분이신지 나타내는 것이므로 우리가 이해하든 못하든 성경을 소리내어 암송하여 선포하면, 그것이 찬양이요 예배입니다.

하나님의 말씀을 선포하는 현장에는 하나님의 나라가 임합니다. 골방에서 개인 기도를 할 때 성경을 암송하여 선포하며 이웃들을 주님의 손에 올려드리면 그 이웃의 삶에 하나님나라가 임합니다. 또한 성도들이 함께 모여 성경을 암송하며 선포할 때 그 현장에서 자신과 옆에 있는 이웃들에게도 임합니다. 탄식하며 썩어짐의 종노릇을 하고 있는 피조물들은 하나님의 자녀들이 나타나는 것을 기다립니다(롬 8:19-22).

우리가 각 나라와 민족, 도시와 지역 가운데 나아가 산천초목을 향해 그리고 정치, 경제, 사회, 문화, 예술, 군사, 교육 등 각 영역들을 향해 하나님의 말씀을 암송하여 선포하면 그곳에 하나님의 나라가 임합니다. 성경을 암송하여 선포하는 행위는 그 나라가 임하도록 하는 중보기도의 중요한 요소입니다.

전도의 본질을 예수님께서 말씀하셨습니다. 마가복음 1장 38절에서 예수님께서 쓰신 '전도'라는 단어의 헬라어는 '케륏소($\kappa\eta\rho\acute{\upsilon}\sigma\sigma\omega$)'인데, "선포하다"라는 뜻입니다. 예수님을 믿도록 영접기도를 하게 하거나 사람을 교회에 데려오는 것이 전도의 본질이 아니라, 영혼들에게 말씀을 선포하는 것이 전도입니다. 그러므로 성경을 암송하여 선포하는 것은 전도의 핵심입니다.

기도의 골방에서 성경을 암송하여 선포하는 훈련이 된 사람은 삶의 현장과 노방과 열방에서 복음전도의 준비가 이미 된 것입니다. 반면 성경을 소리 내어 암송으로 선포하지 않고 눈과 생각으로만 읽는 사람들은 그만큼 전도자로서 훈련이 덜되는 것입니다.

영적전쟁의 가장 강력한 무기는 하나님의 말씀입니다. 우리의 싸움은 혈과 육의 싸움이 아니라 정사와 권세와 어두움의 세상 주관자들과 악한 영들과의 싸움입니다. 악한 영적 존재들에게는 영적 무기가 필요합니다. 성령의 능력과 성령께서 주시는 말씀이 그것입니다. 특히 영(靈)에 새겨진 암송된 말씀으로 선포하는 것은 마귀와 악한 영들에 대한 강력한 영적전쟁의 도구입니다.

우리가 성경을 암송하여 선포할 때 듣는 존재들이 있습니다. 첫째로 하나님께서 들으십니다. 하나님께서 우리의 성경암송 선포 소리를 들으실 때, 그것은 기도와 찬양과 예배가 됩니다. 둘째로 내 자신과 이웃들과 피조물들이 듣게 될 때 중보기도와 권면과 위로가 됩니다. 셋째로 천사들이 들을 때 그 말씀은 천사들이 하나님의 뜻을 수행하도록 하는 근거가 됩니다(시 103:20-22). 넷째로 사단과 악한 영들이 듣게 될 때 영적전쟁이 됩니다.

무엇을 위한 성경암송인가

첫째, 성경암송은 자아를 부인하는 기도를 위해 해야 합니다.

우리의 자아는 도그마(dogma) 또는 지성주의에 빠질 가능성이 100퍼센트입니다. 우리는 완벽한 존재가 아니기 때문입니다. 도그마란 이성적이고 논리적인 비판과 증명이 허용되지 않는 교리, 교의, 교조 등을 일컫는 말입니다. 즉, 역사적 환경이나 구체적 현실과 관계없이 어떠한 상황에서도 절대로 변하지 않는 독단적인 신념이나 학설을 의미합니다. 또한 지성주의는 이해되지 않는 것은 받아들이려 하지 않는 태도를 말합니다. 무소부재하신 초월자 하나님을 작은 지성으로 제한하려는 것이죠.

우리의 자아의 속성은 얼마든지 이 양극단에 빠질 가능성을 가지고 있습니다. 인간은 고정관념 속에 갇히기를 좋아합니다. 그것이 우리 자아의 특징입니다. 그래서 우리는 기도로써 그 죄성의 뿌리인 자아를 부인해야 합니다. 그리고 도그마와 지성주의에 빠지기 쉬운 자아를 부인하는 기도에 가장 효과적인 도구가 바로 '성경암송'입니다.

하나님께서는 선악과를 먹지 말라고 하시면서 인간 스스로의 결정과 지식으로 선과 악을 알아가는 것을 금하셨습니다. 그러나 사단은 인간의 지식과 행동으로 충분히 하나님을 알아갈 수 있고, 하나님과 같이 될 수 있다고 유혹했습니다. 사단이 하와를 유혹할 때 "정말 모든 나무의 열매를 먹지 말라 하시더냐?"라고 교묘하게 질문했습니다. 그 질문의 숨은 의도는 "하와야, 그런 하나님을 이해할 수 있겠니?" 하는 것입니다.

결국 하와는 지식으로 하나님을 이해하고 싶었습니다. 그래서

'선악과를 먹어야지'라는 생각을 품었고, 이를 행동에 옮겨 죄를 지었습니다. 에덴동산에는 먹을 것이 풍부했습니다. 하와가 결코 배가 고파서 먹은 것이 아닙니다. 이를 통해 알 수 있는 인간의 본질 중 하나는 그 어떤 욕구보다 지식에 대한 욕구가 강하다는 것입니다.

하나님은 선악과를 '지식의 나무'라고 이름을 붙이시면서 인간이 하나님께 순종하지 않고, 먼저 지식으로 초월자 하나님을 알아가려고 했던 것이 죄의 본질임을 가르쳐주십니다. 죄의 결과로 죽음이 왔습니다. 죽음이라는 불치병의 증상들은 질병과 저주, 미래에 대한 두려움, 근심, 걱정, 실패로 인한 낙심, 더 나아가서 관계의 깨어짐을 통한 미움 등입니다. 이 결과들은 다 부패한 자아로부터 시작된 것이죠.

제자들은 예수님을 3년 반이나 좇아다니면서 그들이 기다리던 메시아를 만났다고 확신했습니다. 그러나 수많은 기적을 체험하고도 예수님께서 선포하신 하나님의 나라를 이해하지 못했습니다. 베드로는 "주는 그리스도시요 살아 계신 하나님의 아들이시니이다"라는 메시아에 대한 정확한 지식을 가지고도 곧바로 인류 구원을 위한 메시아의 죽음을 막아서게 되어 예수님께로부터 책망을 듣습니다(마 16:21-23). 반석으로 칭찬받은 베드로의 지식이 갑자기 걸림돌이 된 것입니다.

이때 예수님께서 주신 말씀이 바로 "이에 예수께서 제자들에게 이르시되 누구든지 나를 따라오려거든 자기를 부인하고 자기 십자가를 지고 나를 따를 것이니라"(마 16:24)였죠. 그리고 이어지는 25절이, "누구든지 제 목숨을 구원하고자 하면 잃을 것이요 누구든지 나를 위하여 제 목숨을 잃으면 찾으리라"인데, 이 말씀은 요한복음 12장 25절과 짝을 이루는 말씀입니다.

> 자기의 생명[츄켄, ψυχήν]을 사랑하는 자는 잃어버릴 것이요 이 세상에서 자기의 생명을 미워하는 자는 영생[조오엔, ζωήν]하도록 보전하리라 요 12:25

이 구절에 두 개의 서로 다른 생명이 표현되어 있습니다. 앞의 생명은 헬라어로 츄켄(혼적 생명)이고, 뒤에 나오는 생명은 조오엔(영적 생명)입니다. 혼적 생명을 사랑하면 영적 생명을 잃어버릴 것이고, 혼적 생명을 미워하면 영적 생명이 보존된다는 것입니다. 베드로의 정확한 지식과 예수님에 대한 의리는 혼적 생명에서 나온 것이기에 예수님의 십자가를 막아섰고, 예수님을 저주까지 하며 부인하게 되었던 것입니다.

결국 혼적 생명을 미워하는 삶을 살지 않으면 영적 생명을 잃을 수 있다는 것입니다. 그런 삶이 자아를 부인하고 자기 십자가를 지고 가는 삶과 동일하다는 것을 예수께서 말씀하신 것입니다. 성경암송이 도그마, 지성주의, 혼적 생명 즉 자아를 강화시키는 차원이 된다면 그것은 위험합니다. 오히려 성경암송은 십자가의 원수인 자아를 부인하기 위한 것이어야 합니다.

둘째, 성경암송은 우리 안에 계신 성령님을 바라보며 사랑하기 위해 해야 합니다.

자아부인 자체가 궁극적 목적이 아닙니다. 성경암송기도도 자칫 잘못하면 구원을 얻기 위하여 경전을 외우며 스스로 비워 나가는 타 종교의 고행과 다를 바가 없게 됩니다. 타 종교의 경전암송을 통한 기도는 자신이 주인입니다. 왜냐하면 그들 안에는 진리의 영이신 성령님이 계시지 않기 때문입니다.

성경암송을 통한 자아부인의 주체는 우리 자신이 아닙니다. 우리 안에 계신 성령님이 주체이십니다. 진리의 성령께 친밀함으로 나아가기 위한 자아부인의 가장 좋은 도구가 성경암송인 이유는 성경의 저자가 성령이시기 때문입니다.

하지만 성경암송이라는 귀한 모습조차도 죽은 문자에 빠진 차원이 되면 도그마나 지성주의에 빠질 가능성이 많습니다. 글자는 죽이는 것이며 영(靈)은 살리는 것이라 했고(고후 3:6), 살리는 것은 영이며 글씨가 아닌 말이 영이요 생명(요 6:63)이라고 했기 때문입니다. 즉, 쓰여진 글씨(written word)가 아니라, 소리로 나타낸 말(audible word)이 영이라는 것입니다.

성경의 죽은 글씨를 눈으로만 조용히 읽는 태도는 묵상의 올바른 태도가 아닙니다. 내 안에 계신 성령님을 예배하며 경배하며 사랑하는 차원으로 성경을 소리 내어 암송으로 선포한다면, 성령께서는 우리를 절대로 도그마나 지성주의와 같은 고정관념에 빠지지 않게 하실 것입니다. 왜냐하면 성령님은 우리를 자유케 하시는 영이시기 때문입니다.

우리는 성경암송을 통하여 예수님께서 인정하시고 소개하신 만큼 성령님을 모셔들여야 합니다. 유언은 세상을 떠나가기 전에 마지막으로 남기는 가장 중요한 말입니다. 그 속에는 유언을 남기는 존재의 모든 생각과 마음이 가장 잘 압축되어 표현됩니다. 예수님께서 십자가에서 죽으시기 직전과 하늘로 오르시기 직전에 자기 사람들에게 꼭 남기고 싶었던 유언의 핵심은 바로 성령이셨습니다. 그것은 예수님의 유언에 해당하는 성령장인 요한복음 14장부터 16장까지와 사도행전 1장 8절과 9절을 통해 쉽게 알 수 있습니다.

보혜사 곧 아버지께서 내 이름으로 보내실 성령 그가 너희에게
모든 것을 가르치고 내가 너희에게 말한 모든 것을 생각나게
하리라 요 14:26

오직 성령이 너희에게 임하시면 너희가 권능을 받고 예루살렘
과 온 유대와 사마리아와 땅끝까지 이르러 내 증인이 되리라
하시니라 이 말씀을 마치시고 그들이 보는데 올려져 가시니 구
름이 그를 가리어 보이지 않게 하더라 행 1:8,9

예수님께서는 성령으로 잉태되셨고 성령과 함께 동행하셨습니
다(눅 4:1, 행 10:38). 그분이 십자가의 죽음과 부활 직전과 직후에
그 십자가와 부활을 더 자세히 설명하지 않으시고 유언으로 "오
직 성령!"이라 하신 이유가 중요합니다. 왜냐하면 십자가 죽음과
그에서의 부활은 유대인들의 전통과 지식, 생각과 경험으로 절대
깨달을 수 없는 것이기 때문입니다. 이는 예수님의 죽으심과 부활
까지 경험한 제자가 승천 직전의 예수님 앞에서 한 어처구니없는
질문에서 알 수 있습니다.

그들이 모였을 때에 예수께 여쭈어 이르되 주께서 이스라엘 나
라를 회복하심이 이때니이까 하니 행 1:6

그 질문을 한 제자는 십자가의 죽음과 부활 사건이 이스라엘을
포함한 모든 열방을 위한 사건임을 깨닫지 못하고, 이스라엘의 회
복만을 생각하고 있었던 것이죠. 그가 아무리 예수님의 죽으심과

부활을 체험했다고 하더라도 하나님의 뜻과는 상관없는 자기중심적 사고에서 벗어나지 못하고 있었던 것입니다. 그렇게 심각한 질문에도 예수님은 아주 간단히 "오직 성령이 너희에게 임하시면…"이라고 대답하셨습니다. 성령 안에 잠길 때(성령세례)만 그의 옛 자아(옛 지식, 옛 부대)가 예수와 함께 죽고 새 자아로 태어난다는 것을 예수께서 미리 말씀하신 것입니다.

베드로는 예수님의 죽음과 부활, 그리고 승천 앞에서 메시아에 대한 자신의 고정관념이 완전히 흔들리는 경험을 하게 되었습니다. 결국 베드로는 예수님의 말씀에 무조건 순종하기로 마음을 먹었습니다.

사도와 함께 모이사 그들에게 분부하여 이르시되 예루살렘을 떠나지 말고 내게서 들은 바 아버지께서 약속하신 것을 기다리라 요한은 물로 세례를 베풀었으나 너희는 몇 날이 못되어 성령으로 세례를 받으리라 하셨느니라 `행 1:4,5`

베드로는 그동안 실패한 모든 이성과 경험을 내려놓으며, 자아를 부인하는 기도로 성령세례를 기다리는 순종의 모습을 보였습니다.

여자들과 예수의 어머니 마리아와 예수의 아우들과 더불어 마음을 같이하여 오로지 기도에 힘쓰더라 행 1:14

이때 그들의 기도의 외적 모습은 전통적인 토라와 기도서들을 소리 내어 암송하는 모습으로서 예전과 동일했으나 마음의 중심은 완전히 달랐을 것입니다. 조상 때부터 전통으로 내려오는 기도의 외적 모습 속에서 메시아에 대한 과거의 실패한 고정관념의 이미지가 계속 떠올랐을 것입니다. 그들은 그런 기억이 떠오를 때마다 즉시 자아를 부인하며 내려놓을 수밖에 없었을 것입니다.

이때 기도에 힘썼다는 의미는 단순히 기도를 많이 했거나 크게 부르짖었다는 의미만은 아닙니다. 십자가에서 죽으시고, 부활하시고, 승천하신 예수를 만나기 전에 알았던 실패한 모든 지식들과 경험들을 내려놓을 수밖에 없었던, 자아를 철저하게 부인하는 의미의 기도였던 것입니다. 그리고 그 기도의 목적은 오직 성령의 세례였던 것입니다. 성령세례를 기다렸던 제자들의 성경암송을 통한 자아부인의 기도가 우리의 영성훈련과 생활의 가장 중요한 핵심입니다.

오늘날에도 예수님의 죽으심과 부활을 믿으면서도 하나님의 나라에 대한 올바른 관점이 없는 자기중심적 신앙에만 머물러 있는 사람들이 많습니다. 성령님에 대해서 아는 것으로는 부족합니다. 성령 안에 실제로 잠기는 체험이 있어야 합니다. 우리는 매일 새날을 맞이할 때마다 성경암송을 통하여 신앙적 고정관념인 도그마와 지성주의를 겸손히 내려놓으며, 성령님께 새롭게 나아가야 합니다. 그것을 위하여 그 모든 것들의 뿌리인 자아를 부인해야 합니다. 성경암송을 통한 자아부인의 목적은 오로지 성령님을 기다리는 것이어야 합니다. 성령님을 예배하고 바라보는 것이어야 합니다.

"

성경의 올바른 묵상은
눈과 생각으로 하는 것이 아닙니다.
턱을 움직여 소리를 내어 암송해야 합니다.
턱을 움직여 소리 내어
암송으로 씹어서 마음에 삼켰다가
다시 암송으로 저장된 말씀을 끄집어내어 소리를 내어
또 암송하는 동작을 반복하는 것이 묵상입니다.

"

묵상에 대한 재조명

2009년 11월 1일, 낙성대에 있는 시냇가푸른나무교회 청년부 예배에서 있었던 일입니다. 설교하기 위해 앞으로 나갔는데 그 공동체와 첫 대면임에도 제 소개가 생략되고 제 입에서는 암송하고 있던 회개에 관한 말씀들이 튀어나오기 시작했습니다.

전혀 의도한 바가 아닌데 약 20분쯤 다른 설명을 붙이지 않고 성경구절들만 선포했습니다. 그런 다음 나머지 시간에는 준비된 설교를 했습니다. 예배를 마치자마자 청년부 담임인 김성목 목사님이 제게 다가와 말했습니다.

"목사님은 제가 찾던 설교자이십니다. 성경말씀만으로 암송하며 설교하는 분을 찾고 있었습니다."

20년 넘게 독일에서 신학을 공부하고 신학교수로 있으면서 고대근동어 및 히브리어와 헬라어 등 여러 언어에 통달한 목사님이 시편 1편 2절의 '묵상'에 대해 설명해주었습니다.

"이 묵상이라는 단어의 히브리어 어원이 '하가(הגה)'인데, 그 뜻은 원래 '묵상(잠잠히 생각하다)'이 아니라 '소리를 내다'입니다. 저는 성경을 히브리어로 암송하고 싶은 비전이 있습니다."

이런 의미를 배우자마자 저는 성령의 인도하심에 감탄했습니다. 왜냐하면 1997년에 십자가의 도를 깨닫고 난 직후부터 십자가의 말씀들, 야고보서, 성령님에 대한 성경구절들, 에베소서 등을 계속 암송했고, 그 암송을 통해 자아를 계속 비우며 성령님만을 바라보기 위해 달려왔던 그동안의 수고가 헛된 것이 아니었음을 알았기 때문이었죠.

이후 저는 기회가 있을 때마다 이에 대해서 설명하고 다녔습니다. 그러던 중 2010년 9월에 뉴욕의 어느 교회의 부흥회 강사로 초빙을 받아서 이 하가에 대해 전하게 되었습니다. 집회가 끝나고 한 성도의 집에 식사초대를 받았는데, 그 교회 담임목사님이 그 성도를 소개하셨습니다. 그는 이스라엘에서 10년 동안 유대인들과 함께 숙식하며 히브리대학교에서 성경사본학으로 박사학위를 받은 히브리어 전문가인 김경래 교수였습니다. 김 교수가 아주 심각한 표정으로 제게 물었습니다.

"하가에 대해 어디서 배운 거예요?"

전문가의 질문에 약간 긴장이 되었지만 한국 방문 중 다른 히브리어 전문가에게서 들은 것이라고 조심스레 설명을 했습니다. 그러자 그가 말했습니다.

"하가의 뜻이 '소리를 내다'가 맞습니다. 저 외에 하가에 대해서 강조하는 사람을 처음 만납니다. 하나님의 말씀은 영인데, 어찌 우리가 눈과 생각으로 읽겠습니까? 소리 내어 읽어 선포해 드려야죠."

그 교수와의 만남을 통해서 저는 하가에 대해 더 큰 확신을 얻어 더 많은 사람들에게 자신 있게 전하게 되었습니다.

신앙의 성숙을 갈망하는 사람 중 큐티(묵상)를 하지 않는 사람은 거의 없습니다. 그러나 성경지식이 풍부하여 머리가 점점 커져 가면서도 팔다리는 허약해서 행동하지 않는 나약한 기독교인들이 매우 많다고 합니다. 그 원인 중 하나가 새 아침, 첫 기도시간에 많은 사람들이 소리 없이 조용히 눈으로만 성경을 읽으면서 자신의 옛 지식을 가지고 말씀을 분석하는 차원에 머물고 있기 때문입니다. 그것은 바로 '소리를 내다'라는 단어인 하가를 잠잠할 '묵(默)', 생각할 '상(想)'이라고 잘못 번역한 영향 때문입니다.

기도의 가장 중요한 요소 중 하나는 자아부인입니다. 하나님께서 새날을 주셨을 때 말씀을 눈으로 읽으며 옛 지식으로 분석하는 큐티를 하기에 앞서, 모두 내려놓고 자아부인의 기도로 나아가는 것이 선행되어야 합니다. 왜냐하면 하나님은 광대하시기 때문에 그분을 날마다 새롭게 만나야 합니다. 빈 그릇을 준비해야 새것을 채울 수 있습니다. 아침 기도 시간에는 먼저 옛 부대를 찢고 새 부대로 나아가야 합니다. 그래야 새 포도주를 마실 수 있습니다.

성경이 말하는 성경암송

하나님께서는 자녀들 속에 법(말씀)을 두겠다고 하셨습니다.

그러나 그날 후에 내가 이스라엘 집과 맺을 언약은 이러하니 곧 내가 나의 법을 그들의 속에 두며 그들의 마음에 기록하여 나는 그들의 하나님이 되고 그들은 내 백성이 될 것이라 여호와의 말씀이니라 렘 31:33

우리 마음속에 기록되어진 법(말씀)이 바로 성령이십니다. 마음에 새겨진 법이신 성령님을 바라보며 예배하는 가장 좋은 도구는 성령께서 쓰신 성경 글씨입니다. 성경 글씨는 이해의 대상이기 이전에 기도와 예배의 도구로서 성령님을 바라볼 수 있는 이 세상에서 가장 놀라운 글씨입니다. 그 성경을 암송하며 마음의 법이신 성령님을 바라볼 때 말씀이 살리는 영으로 새겨집니다(고후 3:6).

> 오늘 내가 네게 명하는 이 말씀을 너는 마음에 새기고 네 자녀에게 부지런히 가르치며 집에 앉았을 때에든지 길을 갈 때에든지 누워 있을 때에든지 일어날 때에든지 이 말씀을 강론할 것이며 신 6:6,7

이 구절의 '마음에 새기고'에서 '마음에'의 히브리어는 '알-레브(לַב-עַל)'로서 '마음 위에'라는 뜻이고, '새기고'는 '하야(הָיָה)'인데 '~되다'라는 뜻입니다. 'be동사'에 해당합니다. 즉, 말씀이 존재가 되도록 마음 위에 올려놓으라는 의미입니다. 왜냐하면 말씀은 영이므로 마음(혼) 위에 올려놓아야 하는 것인데 암송되는 말씀이 뇌에 새겨져서 그 말씀이 존재가 되는 것이지요.

그리고 '강론할 것이며'에서 '강론'에 해당하는 히브리어는 '다바르(דָבַר)'로서 '말하다, 선포하다'라는 뜻입니다. 즉, 누워 있을 때나 일어날 때나 어느 때든지 주의 말씀을 암송으로 소리 내어 선포하라는 것입니다.

오직 여호와의 율법을 즐거워하여 그의 율법을 주야로 묵상하
는도다　**시 1:2**

　　유대인들은 히브리어 하가가 암송으로 소리 내는 의미라는 것
을 상식으로 알고 있습니다. 여기에서 진정한 묵상의 태도가 무엇
인지 깨달아집니다. 말씀을 소리 내어 암송하는 것이 묵상의 본질
인 것입니다.

　　또한 큐티를 강조하는 것처럼 보이는 묵상이라는 단어도 '반추
(反芻)'라는 단어에서 유래했습니다. 반추는 초식동물들이 되새김
질하는 것을 말합니다. 턱을 움직여 윗니와 아랫니로 씹고 또 삼
키고 저장된 것을 다시 꺼내어 씹는 동작을 되풀이하는 것인데,
동물들은 이에 최소한 5,6시간을 할애합니다. 그러다보면 그 음식
이 피가 되고 살이 됩니다.

　　성경의 올바른 묵상은 눈과 생각으로 하는 것이 아닙니다. 턱을
움직여 소리를 내어 암송해야 합니다. 턱을 움직여 소리 내어 암
송으로 씹어서 마음에 삼켰다가 다시 암송으로 저장된 말씀을 끄
집어내어 소리를 내어 또 암송하는 동작을 반복하는 것이 묵상입
니다. 그럴 때 성령님을 향해 온전한 집중이 되며, 성령께서 주시
는 아버지의 음성을 들을 수 있습니다(요 16:13). 소리 내어 성경을
반복 암송하는 것은 최고의 영성훈련 방법입니다.

기독교 역사 가운데 훌륭한 영성가들은 무엇을 하든지 항상 말씀을 중얼거리며 암송함으로 말씀을 묵상했습니다. 그렇게 말씀을 끊임없이 반복하고 되씹어 암송할 때 영적인 피와 살이 되는 것입니다. 운동선수들이 슛 연습을 수천 번 하고, 배우들이 대사와 동작을 수백 번 연습하고, 가수들이 음반 작업을 할 때 수천 번 노래하여 몸에 익힙니다. 우리가 말씀을 눈으로만 읽으며 생각하는 것이 아니라, 끊임없이 소리 내어 반복하여 암송할 때 그 말씀이 몸에 익혀지며 깊게 묵상이 되어 삶 가운데 나타나게 됩니다.

이 사실을 모른 채 아침 기도 시간에 많은 성도들이 여전히 조용히 입을 다물고 성경을 눈으로만 읽으며 제한된 지식 체계로 창조주 하나님의 말씀을 분석하는 큐티 방식에 머물러 있습니다. 말씀을 우리의 이성으로 깨닫고자 하는 태도 자체가 잘못된 것은 아닙니다. 하나님께서는 우리에게 이성을 허락하셨고, 이런 이성 없이는 결코 건전한 신학의 체계가 세워질 수 없습니다. 다만 저는 아침 첫 기도 시간만큼은 제한된 우리의 이성이 더욱 깊은 영성의 지배를 받는 게 더 중요하다고 말하는 것입니다.

진리는 생각으로 깨달아 이해할 때 우리 안에 채워지는 것이 아닙니다. 진리의 성령님이 우리 안에 계시기 때문에 우리 안에는 이미 완벽한 진리가 있습니다. 진리의 성령이 내 안에 계신다는 것을 믿는 어린아이와 같은 믿음이 중요합니다. 그 믿음을 가지고 세상에서 가장 놀라운 글씨인 성경을 소리 내어 암송함으로 진리의 성령님을 바라볼 때 우리 속에 있는 진리가 흘러넘쳐 솟아나는 것입니다(요 7:37-39).

암송으로 구전된 성경

모세오경(창세기, 출애굽기, 레위기, 민수기, 신명기)에는 창조, 선택, 약속, 타락, 구원 그리고 시내산 언약 등의 주제들이 있습니다. 하나님께서는 아담으로부터 족장들을 선택하셔서 입에서 입으로 전달되도록 하여 원역사(창 1-11장)를 보존하게 하셨습니다. 그리고 애굽으로부터 그들을 구원해내시고, 시내산에서 약속의 땅으로 인도하시겠다는 언약을 맺으셨고, 그것들을 보존하게 하셨습니다. 그 기록들이 '모세오경'입니다.

하지만 모세오경은 이스라엘의 역사에 한정된 것이 아닙니다. 모든 민족의 구원을 위한 것입니다. 하나님께서는 창조주이신 당신이 구속사를 어떻게 이끌어가실지를 모든 민족에게 말씀하시기 위해 이스라엘 백성을 선택하셨고, 그들에게 말씀을 맡기신 것입니다. 그런데 모세오경의 기초 자료들은 오랜 기간 글자로 만들어지지 않았습니다. 글자가 생기기 전, 믿음의 선조들은 그들이 알고 있는 참역사를 외우지 않고 자손들에게 전하는 것은 불가능했을 것입니다. 모세오경이 족장들과 교사들을 통해 암송으로 전달되었기에 이를 '전승' 또는 '구전'이라고 말합니다.

유대인들이 하나님의 인류 구원에 대한 온전한 계획이 담긴 모세오경을 수천 년 동안 암송으로 하나님께 기도하고 예배하면서 보존하여 후손들과 이방인들에게 전해준 것입니다. 그런데 암송으로 기도하며 예배한 것은 그들이 개발한 방법이 아니었습니다. 성경 속에 기록된 그들의 언어인 하가와 다바르와 하야를 통해 하나님께서 지시하신 방법이었습니다. 성경언어를 소유하고, 하나님의 말씀을 맡은 유대인들은 어원이 의미하는 그대로 말씀을 계속해서 소리 내면서 암송하며 하나님의 말씀을 마음 위에 새겨 존재가 되게 했습니다. 그렇게 여호와께 기도하고 예배하는 전통을 그들은 지금도 유지하고 있습니다.

유대인 남성은 12세가 되면 성인식을 합니다. 그들은 모세오경을 완벽하게 암송해야 성인식을 통과할 수 있습니다. 그래서 4세부터 12세가 되기까지 모세오경 전체를 암송하는 데 주력합니다. 또한 유대인들은 회당에서 기도하며 예배할 때 토라(모세오경)와 시편을 소리 내어 읽으며, 그에 맞추어 몸도 흔들면서 기도합니다.

유대인들이 기도회 때 항상 반복하여 선포하는 것이 '쉐마(שמע)'입니다. 쉐마는 '듣다'라는 히브리어 동사의 명령형 '들어라'로, 이는 "이스라엘아, 들어라"라고 시작되는 신명기 6장 4절부터 9절까지의 제목이기도 합니다. 쉐마의 내용은 이스라엘의 가정에서 신앙적으로 자녀들을 어떻게 교육시킬 것인지 구체적으로 설명합니다. 유대인들의 전통은 쉐마를 적어도 하루에 두 번 암송합니다.

또한 유대인들은 하루에 다섯 번, 즉 개인기도 두 번과 공동기도 세 번 정기적으로 토라를 소리 내어 읽고 암송하며 자신들의 생각을 여호와 하나님께 집중하는 기도를 합니다. 저는 뉴욕의 맨해튼과 브루클린을 오가며 전도할 때 전철 안에서 유대인들이 토라를 읽는 모습을 자주 목격했습니다. 그런데 그들은 단 한 명도 예외 없이 입술을 움직이며 암송을 했습니다.

유대인들은 성경암송을 철저히 신앙의 기초로 하여 말씀을 연구하고 분석하고 토론합니다. 또한 그들은 "암송한 자료들을 이해하라"라고 가르친다고 합니다. 먼저 암송을 하고, 그후에 알아가라고 가르치는 것입니다.

국내 한 방송사에서 유대인에 대한 다큐멘터리를 방영한 적이 있었습니다. 그 프로그램에서 인상 깊었던 것은 대형 도서관에 유대인들이 두 명씩 짝지어 앉아서 토라에 대한 생각을 나누는 모습이었습니다. 그들은 격렬히 토론하다가도 정규 기도시간이 되면 회당에 모여 토라나 기도서를 들고 몸을 흔들며, 소리 내어 암송으로 말씀을 선포하며, 여호와 하나님을 바라보며 기도로 연합합니다. 그들의 신앙의 기초는 토라와 기도서 암송으로 여호와를 예배하는 것이며, 그 신앙의 토대 위에 하나님에 대한 지식을 서로 나누며 토론하는 것입니다.

예수를 메시아로 인정하지 않는 유대인들의 눈이 아직 가려져 있고, 비록 그들이 예수를 십자가에 못 박았다고 하더라도 그들의 성경암송기도의 전통 속에는 하나님을 만나는 영적 비밀이 숨겨져 있습니다. 하나님께서는 이스라엘 백성들에게 계명을 암송으로 마음에 새기고(신 6:6) 지켜 행하면(신 26:17,18) 모든 민족 위에 뛰어나게 될 것이라 약속하셨습니다(신 26:19). 비록 이스라엘 백성들이 율법적인 노력에 치우치고 또한 완벽하지 못하더라도, 그들은 수천 년 동안 하나님의 말씀을 암송하여 마음에 새기고 지켜 행하는 데 힘을 기울여 왔습니다.

2,000년 동안 전 세계로 떠돌아다니던 유대 민족이 1948년에 나라를 건국하게 된 것은 하나님의 약속의 성취였습니다. 그것은 세속적 관점에서 보더라도 불가사의한 일입니다. 그런 기적적인 건국과 더불어 그들은 현재 전 세계의 정치, 경제, 사회, 문화, 예술 등 모든 분야에서 가장 뛰어난 민족으로 평가받고 있습니다. "모든 민족 위에 뛰어나게 하사"라는 말씀이 이루어진 것이죠. 이것이 바로 하나님을 섬기는 방식으로서 말씀암송이 중요하다는 것을 입증하는 증거 중 하나입니다.

헬라적 관점에 치우친 큐티

우리가 성경을 통하여 하나님의 하나님 되심을 믿고 알아가며 교제하기 위해서 이스라엘이 어떤 방법으로 하나님께로부터 말씀을 받았으며, 어떻게 말씀을 보존하여 그 말씀으로 하나님께 기도하고 예배했는지를 아는 것이 무척 중요합니다. 그리고 그들의 사고 체계가 어떻게 세워졌는지를 아는 것 또한 중요합니다.

히브리적 관점으로 성경보기에 미혹되면 안 된다고 주장하는 분들이 있습니다. 그들은 고린도전서 9장 20절과 21절을 예로 들며 다음과 같이 주장합니다.

"바울은 율법 없는 자도 아니었고, 율법 아래 있는 자도 아니었고, 그리스도의 율법 아래 있는 자였다. 예수님이 우리를 율법에서 자유케 하셨다. 그러나 아직까지도 대다수의 유대인들이 모세의 율법 아래 있다. '히브리적 관점으로 성경보기'를 주장하는 사람들은 율법 아래 있는 것이다. 그들은 히브리 관점에서 성경보기를 주장하며 지금도 율법을 지켜야 한다는 그릇된 생각을 하고 있다."

히브리적 관점으로 성경보기가 율법을 지켜서 구원을 얻어야 된다는 차원에서 강조되면 분명히 문제가 됩니다. 그런 차원에서는 그들의 주장에 전적으로 공감합니다. 하지만 그리스도의 율법과 생명의 성령의 법 아래 있는 우리가 히브리적 관점에서 성경보기를 이해하는 것은 문제가 되지 않습니다. 왜냐하면 히브리적 관점에서 성경보기를 할 때, 자유케 하시는 성령님은 구원을 얻기 위해 다시 율법으로 돌아가는 오류를 범하게 하지 않으실 것이기 때문입니다.

오히려 성령께서는 십자가의 체험이 있는 우리에게 율법 아래에 있는 히브리인들이 볼 수 없는 율법 속에 숨겨진 놀라운 십자가의 의미를 발견하게 하십니다. 성령님은 그리스도를 증거하시는 영이시기 때문입니다. 히브리적 관점에서 성경을 보는 것 자체가 잘못된 것이 아닙니다. 이를 행하는 사람이 십자가와 부활을 체험한 사람인가 아닌가가 중요합니다.

저는 율법을 지켜야 구원을 얻을 수 있다는 차원에서 히브리적 관점을 강조하려는 것이 아닙니다. 성경은 히브리 문화 안에서 히브리어로 쓰여졌습니다. 그러므로 우리가 성경을 대할 때 우선 그 문화와 언어를 이해하는 것이 매우 중요합니다. 이미 하나님의 은혜를 소유한 우리는 그들의 문화와 언어 속에 하나님께서 숨겨 놓으신 복음을 우리 안에 계신 성령님을 통해 발견할 수 있습니다. 그런 차원에서 히브리적 사고와 헬라적 사고를 비교해보는 것이 유익합니다.

히브리적 사고는 동적(動的)입니다. 즉 히브리인들에게 있어서 하나님은 "움직이는 하나님"이십니다. 하나님께서 "나는 임마누

엘로 항상 너와 함께 있다"라고 말씀하시면 그 '임마누엘'이라는 단어 속에 하나님의 모든 다양한 역사하심이 다 들어 있는 것입니다. 그러나 헬라적 사고는 정적(靜的)인 사고입니다. 그래서 하나님께서 "재정을 해결해줄게", "깨진 관계도 해결해줄게", "법적 문제도 해결해줄게"라는 식으로 일일이 구체적으로 말씀해주셔야 믿는 사고입니다. 즉, 하나님을 작은 이성과 경험에 의해 제한하는 것입니다.

히브리적 사고는 하나님 중심 사고입니다. 그래서 인간을 설명할 때 하나님으로부터 시작합니다. 이해할 수 없는 초월적인 하나님으로부터 모든 만물들을 설명합니다. 그러나 헬라적 사고는 인간 중심 사고입니다. 헬라(그리스) 신화를 보면 지극히 인간적인 것을 쉽게 알 수 있습니다. 헬라의 가장 위대한 신인 제우스는 아내인 헤라를 두고 딴짓을 하다가 들켜서 그녀를 피해 도망을 다닙니다. 또한 한 여자 때문에 여러 전쟁이 일어납니다. 대부분 신들끼리 서로 시기하고 질투하여 다툼과 살인, 복수극이 벌어집니다. 상당히 인간 중심적입니다. 사람들은 초월적인 하나님이 잘 느껴지지 않기에 그들이 느끼고 이해할 수 있는 그리스 신화에 매력을 느끼고 좋아합니다.

유대적 관점은 하나님 중심, 관계 중심이며 직관적이고 동적이며 통전(通典)적입니다. 그래서 하나님이 이해가 안 되어도 일단

순종을 통해 나아갑니다. 그리고 그 순종을 통하여 경험적으로 하나님께서 알게 해주시는 것을 배우게 됩니다. 반면에 헬라적 관점은 인간 중심, 사실 중심이며, 어떤 대상에 대하여 먼저 논리적이며 분석적으로 접근합니다. 헬라적 사고의 틀에서 지식은 단지 인격이 아닌 정보일 뿐입니다. 그래서 이성으로 이해되지 않는 것들은 받아들이지 않으며, 이해가 되어야 움직입니다.

그러나 하나님은 영이시고, 우리에게도 영이 있습니다. 이성은 혼에 속해 있어서 영보다는 하위적 존재입니다. 따라서 영이신 하나님을 만나기 위해서는 이성적 차원보다는 영적 차원에서 먼저 다가가야 합니다. 유대인들은 하나님께서 지시하신 방법인 말씀 암송을 통해 하나님께 영적으로 먼저 다가간 것입니다.

그런데 교회사를 보면 4세기경 콘스탄티누스 황제 때부터 교회에서 유대적 유산들이 제거되면서 교회가 헬라적 사고의 기틀 위에서 발전되어 왔음을 알 수 있습니다. 이런 영향을 크게 받아 그 굴레를 벗어나지 못하는 것이 서구 기독교입니다. 그리고 서구 기독교의 영향하에 탄생된 것이 헬라적 관점의 큐티인 것이죠.

물론 하나님께서는 헬라적 문화와 사고의 체계도 사용하십니다. 그러나 중요한 것은 우선순위입니다. 하나님께서 성경을 통해 정확한 순서를 말씀하시고 계십니다(롬 2:9,10).

내가 복음을 부끄러워하지 아니하노니 이 복음은 모든 믿는 자에게 구원을 주시는 하나님의 능력이 됨이라 먼저는 유대인에게요 그리고 헬라인에게로다 롬 1:16

복음은 유대인에게서 시작되었습니다. 하나님께서는 유대인들과의 관계 속에서 온 인류의 구속의 역사를 이끌어 가실 계획을 가지고 계셨습니다. 따라서 자유케 하시는 성령께서 이끄시는 사랑 안에서, 유대적 전통의 모습인 성경을 암송할 때 우리의 이성을 초월하는 하나님의 거룩하신 말씀의 참된 의미를 깨닫게 될 것입니다.

한국교회의 성경암송 전통

세계 근대 기독교 역사에서 그 유래를 찾기 힘든 평양대부흥의 현장 한가운데 있던 조지 매큔(George McCune)은 평양대부흥운동이 웨일즈와 인도에서의 성령의 역사를 훨씬 능가할 것이라고 보고했습니다. 이 평양대부흥에 성경암송이 중요한 역할을 했음을 알 수 있는 자료가 있습니다.

2000년에 발간된《성서한국》(통권 제46권 2호)에 '성경을 외우는 사람들'(이덕주)이라는 제목으로 실린 글 중 일부를 대한성서공회 사이트에서 발췌했습니다.

초기 사경회 공부는 성경 외우기로 시작되었다. 암송 문화에 익숙했던 한국인들은 성경을 줄줄 외웠다. 선교사들은 이런 한국 교회의 성경암송 문화에 대해 경이로운 찬사를 보냈다. 일제 시대 감리교 협성신학교 교수를 역임한 데밍의 증언이다.

"개성에 맹인 한 사람이 있는데 그의 아들이 그의 눈이 되어 복음서 전체를 외우게 되었습니다. 그는 복음서 전체를 순서대로 외울 수 있을 뿐 아니라 아무 장, 아무 절이나 물으면 정확하게 기억해 낼 수 있습니다. 또 한 사람은 속장인데 그는 말씀 공부에 전념하여 누가복음과 사도행전을 외울 수 있게 되었습니다. 세 번째 사람은 매서인(예전에 여러 곳을 돌아다니며 전도하고 성경책을 파는 사람을 이르던 말)인데 성경에 통달하여 성경의 어느 구절을 읽든 그 장과 절까지 정확히 집어낼 수 있습니다. 미국 교인들 가운데 이 정도 할 수 있는 교인이 얼마나 될까요? 쉴 틈 없이 바쁘게 돌아가는 서양 생활에서는 이곳 '고요한 아침의 나라'에서 느낄 수 있는 명상과 침묵을 통해 성경 배우는 깊은 맛을 알 수 없을 것입니다."

이 글에 나오는 '복음서 전체를 외우는 교인'은 개성의 전설적인 '맹인 전도자' 백사겸(白士兼)을 지칭하는 것으로 보인다. 어려서 맹인이 되어 개종 전에는 명복(名卜)으로 이름을 날리던 점쟁이 백사겸은 예수님을 믿고 난 후 그동안 점쳐서 번 재산을 정리하여 없애 버리고 지팡이 하나 잡고 전도 길에 나서 고양, 파주, 장단, 개성

둥지에 많은 교회를 세웠는데, 훗날 연희전문학교 교수가 되는 아들(백남석)의 도움을 받아 성경을 외워 버린 것이다. 사경회는 이같이 성경을 외우는 사람들 이야기로 흥미진진했다.

'성경암송'은 한국 교인들이 받은 특별한 '은사'(恩賜, charisma) 가운데 하나였다. 이 은사는 맹인처럼 육체적으로 온전하지 못한 교인들에게서 볼 수 있었다. 그중에도 한센병(나병) 환자들의 집단 수용소인 여수 애양원 사람들의 성경암송이 유명했다. 일제 말기인 1939년, 애양원 사경회 강사로 참여했던 남장로회 선교사 뉴랜드의 증언이다.

"애양원 식구 전체가 모인 가운데 사경회 마지막 행사로 성경암송 대회를 했습니다. 우리 외국인 선교사들이 환자를 상대로 성경 중에서 아무 곳이나 지정하면 그들이 그것을 외우는 식으로 진행되었습니다. 첫 번째 나온 환자는 신약 전체를 외우는 남자 환자였습니다. 그는 이곳에 들어온 지 수년 되었는데 이곳에 들어오기 전에는 병도 병이려니와 흉폭하기 짝이 없는 거지 대장이었답니다. 그러나 이곳에 들어와 성경을 접하고부터 사람이 변해 놀라운 기억력으로 성경을 외우게 되었답니다. 그는 시력도 좋지 않을 뿐 아니라 손가락도 없었고 아래턱도 반밖에 남지 않았음에도 행복한 교인이 되었습니다. 그는 요한계시록을 택했고, 우리는 20장을 외워보라고 했습니다. 그가 외우기 시작하자 다른 환자들은 성경을 펴서 그가 한 자라도 빼먹지 않은가 손으로 짚어 가며 확인했습니다. 그는 훌륭하게 해냈습니다. 그 다음으로 앞을 보지 못하는 여자 노인이 나와 기쁜 표정으로 시편 23편을 외웠습니다."

애양원의 성경암송 전통은 지금까지 이어지고 있다. 애양원 식구들은 지금도 매주 모여 성경을 암송한다. 애양원에서 성경암송반을 이끌고 있는 양재평 장로는 열아홉 살 때(1942년) 이 병에 걸려 애양원에 들어와 살게 되었고, 서른 살 때 시력까지 잃어 앞을 보지 못하게 되었는데 손가락이 뭉그러져 점자도 읽지 못하는 그가 어떻게 성경을 외우게 되었는지 궁금했다.

"시력까지 잃게 되자 절망 가운데 하나님께 하소연했어요. '눈까지 가져가시면 저보고 무얼 하란 말입니까?' 그랬더니 이런 음성이 들려요. '귀하고 입은 남겨 두었다.' 그래서 성경을 듣고 외우기 시작했어요."

그는 20년 만에 신약 성경을 외워 '성경 녹음기'가 되었다. 신약 전체를 순서대로 줄줄 외울 뿐 아니라 "빌립보서 3장 12절" 하면 즉시 그 구절을 정확하게 기억해 외운다. 살아 있는 '성구 사전'이다. 그래서 애양원 방문객들은 성경을 줄줄 외우는 그의 모습을 보는 것만으로 은혜가 된다. 그에게 강해나 주석을 기대해선 안 된다. 그는 본문 자체이기 때문이다. 성경의 본 뜻을 왜곡시킬 위험이 많은 주석보다는 본문에 충실한 신앙, 바로 그것이다. 이같이 사경회에서 출발한 '성경암송' 문화야말로 한국 교회의 자랑스런 전통이다. 하긴 성경암송대회가 있는 나라가 우리나라 말고 또 있을까?

말씀은 생명입니다. 그래서 생명의 말씀이 담긴 책인 성경은 눈으로 읽는 것보다 쓰거나 소리 내어 읽는 것이 더 좋습니다. 그런데 무엇보다 가장 좋은 것은 암송입니다. 이 의견에 반대하는 사람은 아마도 없을 것입니다. 성경을 소리 내어 암송할 때 우리는 네 가지 차원에서 말씀을 먹게 됩니다. 처음에 눈으로 보면서 한번 먹고, 그 다음에는 입술을 움직이면서 그리고 입술로 소리 낸 것을 귀로 들으며, 끝으로 반복 암송하게 되어 마음과 영으로 계속해서 먹게 되는 것입니다. 그래서 성경을 눈으로만 읽는 것과 소리 내어 암송하는 것의 차이가 크다고 말하는 것입니다.

눈으로만 읽는 것과 소리 내어 암송하는 것이 이렇게 큰 차이가 나는 것을 알면서도 암송을 하지 않는 이유는 무엇일까요. 한국 근대 교회사 가운데 한센병이나 시각장애우들이 암송에 더 집중을 했다는 자료를 대하면서 저는 많은 생각에 잠겼습니다. 육체의 극심한 고통을 당하는 분들은 심령이 가난합니다. 그래서 그들이 겸손한 마음으로 말씀을 암송하여 마음에 더 깊이 새기고 싶었던 것은 아닐까 생각했습니다.

그렇다면 많은 성도들이 암송이 좋은 줄 알면서도 하지 않는 것은 영적으로 게으르거나 지식만을 추구하는 교만함 때문은 아닐까요. 《더 있다》(이태형 저, 규장 간) 라는 책에서 이민아 목사는 다음과 같이 말하고 있습니다.

사람들은 자기 체험에 따라서 불완전한 신학을 갖게 되는 것 같아요. 자기 체험에 근거해 하나님을 믿으려 하고 이해하려고 하니 문제가 됩니다. 거꾸로 되어야 합니다. (중략) 우리 인생에서 기적이 없는 이유는 나는 하나님을 믿는다고 생각하지만 사실은 내 생각의 한계를 벗어나지 못한 상태에서 내가 소화할 수 있는 하나님을 금송아지로 만들어 거기 절하고 있기 때문입니다. 그것이 바로 지적인 종교입니다. (중략) 사람이 할 수 있는 한계에 하나님을 가둬 버렸기 때문입니다.

이 목사의 표현에 대해 이 책의 저자는 다음과 같이 표현했습니다.

생각을 완전히 바꾸는, 우리의 생각 패러다임을 코페르니쿠스적으로 전환시키는 트랜스포밍 마인드(Transformaing Mind)가 필요하다는 소리였다. 이 목사에 따르면 로마서 12장 2절과 같이 생각을 새롭게 하지 않으면 영(靈)이시고 제한이 없으신 하나님을 담는 포도주 부대가 될 수 없다. 새로운 포도 부대가 되기 가장 힘든 사람은 과거의 포도 부대가 그럴듯한 사람이다. 거기에 그대로 담아도 별 문제가 없는 사람이다. 그런 포도 부대는 찢어지기가 힘들다. 그런데 그 부대를 찢지 않으면 영이신 하나님을 결코 담을 수 없다. 하나님을 담지 못하면 기적의 삶은 불가능하다!

혹시 현대 그리스도인들의 큐티가 자아를 그대로 살려둔 채 하나님을 이해해서 깨달으려 하는 모순에 머물러 있는 것은 아닐까요. 하나님을 이해해보려고 지식의 나무 열매를 따먹었던 첫 사람, 아담과 하와의 실수를 반복하고 있는 것은 아닐까요.

염려와 두려움은 생각에서 나옵니다. 그 생각의 뿌리가 자아입니다. 주님은 기도하기 전에 염려부터 내려놓아야 한다고 하시면서 자아부인을 먼저 강조하셨습니다. 주님께서 우리에게 물으십니다.

"너는 내 안에 있어 나와 함께 보좌에 앉아 있고(엡 2:6) 나는 네 안에 있는데 무엇을 염려하고 무엇을 두려워하니? 무엇을 구하고 있니?"

하나님의 자녀들은 예수와 함께 죽고 부활하여 보좌에 예수님과 함께 앉아 있습니다(갈 2:20, 엡 2:5,6). 그리고 하나님께서 우리 심령 안에 성령으로 계십니다. 그것을 진정으로 믿는다면 우리는 더 이상 구할 것이 없습니다. 오직 보좌 앞에서 불변하시는 말씀 (막 14:31)을 소리 내어 선포하며 찬양과 경배로 나아가야 합니다. 그럴 때 성령께서 기름부으시며, 주의 영광과 의와 나라가 임하여 우리의 자아를 덮게 됩니다.

시편 1편 2절에서 '주야로(day and night)'는 "아침부터 밤까지 온 종일"이라는 뜻입니다. 즉, 복 있는 사람은 주의 말씀이 즐거워서 하루 종일 소리를 내며 암송하며 성령님을 바라보는 사람입니다.

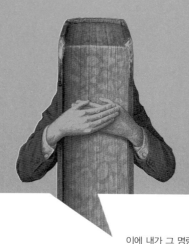

이에 내가 그 명령대로 대언하였더니
생기가 그들에게 들어가매
그들이 곧 살아나서 일어나 서는데 극히 큰 군대더라
에스겔서 37장 10절

성령님을 깊이 체험하며

힘있는 기도로 이끄는 암송

03
chapter

66

암송기도로 자아를 비워서 성령 집중을 잘하다 보면
말씀이 혀와 입술과 생각과 영에 각인이 됩니다.
그래서 시간과 장소에 전혀 구애받지 않고,
언제 어디에서나 말씀을 암송으로 꺼내어 되새김질하며
자아부인의 기도로 성령님을 바라볼 수 있습니다.
이것이 쉬지 않고 기도할 수 있는 비밀 중 하나입니다.

99

기도 중의 기도

성경암송기도의 축복

날마다 기도 시간에 자아를 부인하여 성령님께 집중하는 것은 우
리 신앙생활의 가장 핵심입니다. 왜냐하면 성령님은 우리 삶에 하
나님의 모든 선하신 뜻을 이루시는 분이시기 때문입니다. 따라서
성경암송기도를 통하여 성령님을 바라보며 집중하는 데 성공한
다면 성령님께서는 암송되어지는 말씀들 속에 있는 진리로 인하
여 모든 복들을 다 누리게 하실 것입니다. 이는 성령님이 진리의
영이시기 때문입니다.

첫째, 성령께서 우리에게 복음의 핵심인 연합의 진리를 알게 하시고 누리게 하십니다.

연합의 진리를 먼저 알지 못하고, 믿지 못하고, 누리지 못하면, 성경암송 자체가 단지 종교적인 행위에 치우치게 될 위험성이 있습니다. 예수님께서 성령을 부으시는 목적 중 가장 중요한 구절이 "그날에는 내가 아버지 안에, 너희가 내 안에, 내가 너희 안에 있는 것을 너희가 알리라"(요 14:20)입니다. 이 구절에서 예수님께서 말씀하시는 그날은 성령님께서 임하시는 오순절을 의미합니다. 십자가의 절정은 성령님이십니다.

성령님은 믿는 자들 안에 임하셔서 아들과 아버지와 성령과 온전히 연합된 존재임을 알게 하시는 분이십니다. 그것이 십자가의 핵심 진리입니다. 십자가는 단순히 죄사함만의 자리가 아닙니다. 십자가에는 삼위일체 하나님과 연합되었다는 놀라운 진리가 있습니다. 갈라디아서 2장 20절 속에 그 진리가 명확히 표현되어 있습니다.

"내가 그리스도와 함께 십자가에 못 박혔나니[죽음 연합] … 내 안에 그리스도께서 사신 것이라[성령 연합]."

표면적으로는 죽음 연합과 성령 연합, 두 개의 연합된 사실만 표현되어 있습니다. 그런데 예수님의 십자가 사역을 시간적인 순서로 볼 때, 죽음 사건과 성령강림 사건 사이에 두 사건이 있습니다. 그것이 부활과 승천입니다. 죽음 연합과 성령 연합을 믿는다면 그 사이의 사건인 부활과 승천에도 연합되었음을 당연히 믿어야 합니다. 갈라디아서 2장 20절을 보충 설명하는 구절이 바로 에베소서와 골로새서에 있습니다.

> 궁휼이 풍성하신 하나님이 우리를 사랑하신 그 큰 사랑을 인하여 허물로 죽은 우리를 그리스도와 함께 살리셨고 (너희는 은혜로 구원을 받은 것이라) 또 함께 일으키사 그리스도 예수 안에서 함께 하늘에 앉히시니 엡 2:4-6

> 이는 너희가 죽었고 너희 생명이 그리스도와 함께 하나님 안에 감추어졌음이라 골 3:3

놀랍게도 예수님께서는 제자들에게 죽음, 부활, 승천, 보좌, 성령으로 연합된다는 진리를 십자가에 죽으시기 전에 미리 선포하셨습니다(요 14:20). 예수님께서 나 대신 죽으셨고, 내가 그것을 믿었으므로 그 죽음은 바로 내 죽음입니다. 주님과 함께 죽음으로 연합된 나는 자동으로 부활 승천하여 보좌에 앉으신 예수님과 함께 연합된 것입니다. 그것을 깨닫게 하시기 위해 성령님이 내 안에 오신 것입니다.

예수께서 죽으시기 직전에 "아버지여, 아버지께서 내 안에, 내가 아버지 안에 있는 것같이 그들도 다 하나가 되어 우리 안에 있게 하사 세상으로 아버지께서 나를 보내신 것을 믿게 하옵소서" (요 17:21) 라고 연합의 진리를 미리 암시하셨습니다.

　많은 신앙인들이 주님의 죽음과 부활에 연합되었고, 성령께서 자신 안에 연합해 계신다는 초월적인 사실은 잘 믿습니다. 그러나 그 사이에서 이루어진, 성령 연합의 바로 앞 단계인 보좌의 연합은 잘 모르거나 믿지 않는 경향이 있습니다. 시간과 공간과 물질을 초월하여 2,000년 전의 예수 그리스도의 죽음과 부활에 연합되었음을 믿는다면, 시간과 공간과 물질을 초월하여 하늘 보좌에 앉혀진 연합도 믿어야 합니다.

　하나님께서 하늘 보좌를 버리시고 이 땅에 사람으로 오셔서 죽으시고 부활하시고 승천하셔서 다시 보좌에 앉으시고 성령으로 임하셔서 교회를 이루신 사건은 이 지구상에서 일어난 일들 중 가장 핵심적인 사건입니다. 그 사건들에 믿음 하나만으로 연합되었다는 사실이 복음의 핵심입니다. 그리고 이 연합의 복음을 알게 하시는 분이 성령이십니다. 그러므로 성경암송으로 자아를 부인하며 성령님께 예배할 때 이 연합의 복음을 믿고 누려야 합니다.

둘째, 재림 예수님께 연합될 준비를 하게 하십니다.

예수 그리스도의 죽음, 부활, 보좌에 앉으심 그리고 성령강림 사건은 인류 역사의 중심이며 가장 위대한 일입니다. 예수 그리스도를 구주로 믿는 자들은 그 진리 속에 이미 연합되었습니다. 그리고 이제 이루어져야 할 가장 위대한 진리의 사건이 하나 남아 있습니다. 바로 예수님의 재림입니다.

예수님의 죽음, 부활 그리고 보좌에 연합되었다는 것을 알게 하시려고 믿는 자 안에 연합되신 성령님은 우리를 재림하실 예수님께로 완전히 연합시키기 위해 인도하시는 분이십니다. 재림하실 예수님과의 연합은 앞으로 우리가 누릴 축복 중 가장 위대한 것입니다. 왜냐하면 이 땅의 모든 슬픔과 괴로움과 눈물은 예수께서 재림하셔야 완전히 끝나기 때문입니다(계 21:3,4).

바울은 에베소서 2장 18절부터 22절까지에 우리가 성령 안에서 하나님께서 거하실 성전으로 어떻게 지어져 가는지 그 과정을 기록하고 있습니다. 또한 사도 요한도 예수님의 재림을 통해 완성될 하나님의 신부(교회)의 놀라운 연합의 장면을 환상으로 보고 묘사했습니다(계 21:9,10).

이기는 그에게는 내가 내 보좌에 함께 앉게 하여 주기를 내가 이기고 아버지 보좌에 함께 앉은 것과 같이 하리라 귀 있는 자

는 성령이 교회들에게 하시는 말씀을 들을지어다 계 3:21,22

성 안에서 내가 성전을 보지 못하였으니 이는 주 하나님 곧 전
능하신 이와 및 어린 양이 그 성전이심이라 계 21:22

저는 하루를 마치며 잠자리에 들면서 동시에 "예수 죽음, 내 죽
음"이라고 외칩니다. 잠은 죽음의 간접 체험입니다. 잠을 통해 십
자가의 죽음 연합을 체험하는 것입니다. "예수 죽음, 내 죽음"이
라는 외침을 통해 그날 있었던 모든 부정적인 것들과 그것들에 반
응하는 자아를 십자가에 다 못 박아버립니다.

그리고 다음 날 새날을 맞이하며 눈을 살며시 뜨면서 "예수 부
활, 내 부활"이라고 외칩니다. 새날을 맞이하는 것은 부활 체험입
니다. 믿음으로 그리스도 안에 있으므로 날마다 새로운 피조물로
태어남을 선포하는 것입니다. 그리고 상체를 일으키면서 "예수
승천, 내 승천", 침대에 걸터앉으면서 "예수 보좌, 내 보좌"라고
외칩니다. 제가 예수님과 함께 하늘로 일으켜져서 하늘 보좌에 앉
아 있음을 확인하는 것이죠. 하루를 시작할 때 제 진정한 위치가
보좌임을 아는 것은 정말 중요합니다. 왜냐하면 공중권세를 가진
마귀의 머리를 밟고 있는 위치가 각인되어 마귀와 세상, 그 어떤
것으로도 욱여쌈을 당하지 않게 되기 때문입니다.

그리고 침대에서 일어나 걷기 시작하며 "주의 성령 내 안에, 다시 오실 주 예수"라고 외칩니다. 재림 예수님을 맞이할 각오를 다짐하며 성령과 함께 걸어가는 삶(동행)을 선포하는 것이죠. 성령 연합 선포를 통해서는 새날 속에서 성령께서 제 안에 생수의 강으로 역사하심으로 풍성한 하늘 생명을 이 땅에서 누리며, 성령님을 좇아 행하여 아버지의 지혜와 능력과 사랑을 누리게 됩니다.

그래서 이 땅에서도 모든 두려움, 근심, 걱정, 염려, 좌절감, 미움, 증오, 시기, 질투 그리고 거짓으로부터 자유하여 의와 평강과 희락을 누림으로 하나님나라를 이 땅에서부터 체험하면서 다시 오실 주님을 맞이하는 신부로 준비되는 것입니다. 성경암송기도를 통해 성령께서 주시는 축복 중 이 연합의 복음을 알게 하시고, 믿게 하시고, 선포케 하시는 것은 우리 신앙의 핵심 중의 핵심입니다.

셋째, 우리가 예수님을 닮게 하십니다.

우리가 이 땅의 삶 속에서 재림하실 예수님의 신부로서 한몸으로 연합되기 위해 어떤 모습으로 단장되어야 할까요? 신랑과 연합하기 위해서는 신랑을 닮은 존재가 되어야 합니다. 그런데 그것은 우리가 노력해서 되는 것이 아닙니다. 성령께서 그리스도의 영광을 비춰주셔야 하고, 우리가 그리스도의 영광을 바라볼 때 이루어집니다.

주는 영이시니 주의 영이 계신 곳에는 자유가 있느니라 우리가
다 수건을 벗은 얼굴로 거울을 보는 것같이 주의 영광을 보매
그와 같은 형상으로 변화하여 영광에서 영광에 이르니 곧 주의
영으로 말미암음이니라 `고후 3:17,18`

이 구절 속에 주와 같은 형상으로 변화되는 비결이 있습니다.
주의 영광을 보는 것입니다. 그러려면 성령님께 집중해야 합니다.
성령께서 그리스도의 영광을 나타내주시는 분이기 때문입니다.

그가 내 영광을 나타내리니 내 것을 가지고 너희에게 알리시겠
음이라 `요 16:14`

성경암송기도를 통하여 자아를 부인하며 성령님을 향하고 경
배할 때, 성령께서 암송된 말씀 속에 나타난 그리스도의 영광을
보여주십니다. 그리고 그리스도의 영광을 사모하는 우리를 그분
의 형상을 닮도록 인도하십니다. 믿으면 그리스도의 영광이 보입
니다.

예수께서 이르시되 내 말이 네가 믿으면 하나님의 영광을 보리
라 하지 아니하였느냐 하시니 `요 11:40`

예수님을 닮는 것은 우리가 하는 것이 아닙니다. 믿으면 내 안에 계신 주님이 보입니다. 그리고 주님을 보면 닮게 되는 것입니다. 이것이 복음입니다. 그래서 믿기 위해 성경을 암송하고, 보기 위해 암송하는 것입니다.

넷째, 하나님의 성품의 열매를 맺게 되며, 은사와 능력이 나타나게 됩니다.
성경암송으로 그리스도의 영광을 보게 되어 그분의 형상을 닮게 되면 하나님 아버지의 성품과 능력이 그대로 흘러나오게 됩니다. 그리스도의 성품, 은사 그리고 능력은 이미 우리 안에 있습니다. 왜냐하면 우리 안에 계신 성령께서 바로 하나님의 마음이시며, 은사와 능력의 주체이시기 때문입니다. 따라서 우리는 임재하신 성령님께 집중하여 그분과의 친밀함을 높이기만 하면 됩니다. 그러면 성령께서는 그분을 바라보기 위해 암송하는 말씀에 나타나 있는 그리스도의 성품과 거룩한 은사와 능력을 우리에게 나타나게 하십니다.

다섯째, 성도들과 아름다운 연합을 이루는 축복을 허락하십니다.
그리스도의 몸인 교회는 머리 되신 주님과 연합되어 있는 다른 지체들과의 또 다른 연합으로 이어집니다(엡 4:15,16). 하나님의 성품과 능력과 은사는 그리스도의 몸인 교회를 든든히 세우는 데 쓰임 받는 것입니다. 그래서 지체들과 주의 성품인 겸손, 온유 그리고 인내로 서로를 용납하고, 평안의 매는 줄로 성령께서 하나되게 하시는 것을 힘써 지켜 나아가게 됩니다. 성령이 한 분이시며 그 성령 안에서 한 부르심을 입었기 때문입니다(엡 4:2-4).

성경암송기도를 통하여 성령님을 온전히 바라볼 때 성령님은 모든 믿는 성도들이 예수님과 함께 죽고 부활하여 보좌에 함께 앉혀졌다는 것과 한 성령을 마셨다는 것을 알게 하십니다(고전 12:13). 그리고 모든 성도들이 성령 안에서 하나님께서 거하시는 처소가 되기 위하여 예수 안에서 함께 지어져 가는 성전임을 알게 하시고 연합하게 하십니다(엡 2:20-22).

여섯째, 우리가 예수님의 증인의 삶을 살도록 축복해주십니다.

우리 안에 계신 성령님께서 예수님을 증거하시는 영이시기 때문에(요 15:26,27) 우리가 기도로써 성령님께 제대로 집중을 하게 된다면 예수님의 증인이 될 수밖에 없습니다. 성령께서는 우리가 암송하는 말씀 속에 있는 하나님의 사람들이 어떻게 그리스도의 증인으로 살았는지 보여주시면서 그 증인의 삶을 살게 하십니다.

그 외에도 성령께서 우리에게 제자의 삶, 순종의 축복, 하나님을 아는 축복 등 아름다운 삶의 열매들이 많이 나타나게 하십니다.

성경암송기도의 효과

성경암송기도로서 자아를 부인하며 성령님을 바라볼 때 우리 삶 속에 많은 효과들이 나타납니다.

첫째, 전도할 때 성경암송의 효과가 크게 나타납니다.

저는 전도의 현장에서 암송한 말씀들을 효과적으로 사용한 체험이 많습니다.

비행기와 전철과 버스 등 대중교통을 이용할 때 옆 좌석에 앉은 사람들에 대한 전도의 부담이 항상 있습니다. 전도할 때는 접촉점 (contact point)이 아주 중요합니다. 접촉점과 타이밍을 놓치면 전도 대상자에게 말을 건네기조차 쉽지 않습니다. 그래서 대화의 틈새를 잘 찾아 다가가야 하는데, 처음으로 맞닥뜨리는 순간이 접촉점으로는 아주 좋습니다.

2013년 4월에 애틀란타로 집회 사역을 하러 갈 때 비행기 안에서 겪은 일입니다. 비행기에 탑승하여 복도 쪽 좌석에 앉으려 하는데 창가 쪽에 아랍인으로 보이는 한 청년이 앉아 있었습니다. 저는 복음을 전하기 위해서 그의 옆에 앉는 순간을 놓치지 않고 그에게 인사를 건네면서 대화를 시작했습니다. 출신 국가와 여행 목적 등 일반적인 정보를 서로 주고받는 사이에 곧바로 기본적인 친밀감이 형성되었습니다.

그는 터키 청년이었고, 비즈니스맨이었으며 모슬렘이었습니다. 그는 뉴욕에 비즈니스 때문에 왔다가 애틀란타를 경유하여 LA로 가는 길이라고 했습니다. 그래서 저도 크리스천 선교사로서 뉴욕에서 선교를 하고 있다고 했습니다.

그런데 그의 반응이 흥미로웠습니다. 그는 사람들의 이야기를 듣는 것을 좋아한다고 하면서 기독교에 대해서 듣고 싶다고 했습니다. 2시간 20분 정도 되는 비행 시간 동안 예수님이 누구신지 그에게 말할 수 있는 기회를 얻었다고 생각하자 기분이 좋았습니다.

저는 이야기를 시작하기 전에 그에게 한 가지 부탁을 했습니다.

"내 이야기를 듣는 동안 이슬람 신앙과 다른 점들을 듣게 되더라도 중간에 내 말을 끊지 말고 최소한 30분 정도는 참고 잘 들어줄 수 있나요?"

그는 그렇게 하겠다고 했습니다. 하나님의 나라에 대해 효과적인 선포가 잘 안 되는 이유 중 하나는 중요한 설명이 다 끝나지도 않은 상태에서 중간에 세계관의 충돌이 일어나면서 논쟁이 벌어지기 때문입니다. 제 경험에 비추어 볼 때, 전도대상자가 불필요한 논쟁 없이 기독교의 핵심 진리에 대해 충분히 듣게 될 경우에 예수님을 구주로 고백할 확률이 상당히 높았습니다.

비행기 이륙 후부터 저는 그 청년에게 본격적으로 복음을 전하기 시작했습니다. 제 입에서는 복음적 설교와 함께 암송하고 있는 성경구절이 계속해서 선포되었습니다. 그리고 이슬람 신앙이 행위에 의한 자력 구원을 강조하는 그릇된 구원론과 천국관을 가지고 있다는 것에 대해서도 자세히 설명을 했습니다.

어느덧 한 시간이 훌쩍 넘어버렸고, 그는 고개를 끄덕이며 제 설명에 긍정하는 모습을 보이기 시작했습니다. 특히 성경구절이 암송으로 선포될 때는 긍정하는 그의 표정이 더욱 두드러져 보였습니다.

마침내 하나님의 은혜가 십자가의 죽으심과 부활로 나타난 것을 듣고는 그의 동공이 커졌습니다. 그리고 착륙 시간이 거의 다 되었을 즈음 '예수는 하나님이 아니고 단지 좋은 사람'이라고 했던 그가 예수님을 창조주 하나님, 구세주 그리고 주인으로 모셔들이는 고백을 정확히 했습니다. 그리고 저는 예수님을 구주로 고백을 한 그에게 매우 심각한 질문을 했습니다.

"지금 예수님을 구주로 모셔들이겠다는 고백을 한 것은 당신이 더 이상 모슬렘이 아니고, 크리스천이 된 것을 의미합니다. 그것을 인정할 수 있겠습니까?"

그는 신중한 표정을 지으며 고개를 끄덕였습니다. 뉴욕에서 전도하면서 모슬렘들이 예수님을 영접하겠다고 고백한 경우가 여러번 있었습니다. 놀라운 에피소드들이 많았지만 자신이 더 이상 모슬렘이 아니라는 것을 인정한 경우는 처음이었습니다. 저는 그에게 터키로 돌아가면 기독교 성경을 구해서 그중에 요한복음과 로마서를 먼저 읽어보면 좋겠다고 권했고, 읽다가 궁금한 점들이 있으면 이메일로 질문을 하면 설명을 해주겠다고 했습니다.

그 청년에게 복음에 대해 30분 정도만 설명하려고 했지만 결국 두 시간이 넘는 비행 시간을 다 사용하게 되었죠. 처음에 그의 얼굴은 제 말에 반박을 하고 싶어하는 표정이었습니다. 그러나 한 시간이 넘어가면서부터 암송으로 선포되는 말씀에 그가 놀랍게 반응하는 걸 보고 성경암송의 효과가 아주 크다는 것을 피부로 느낄 수 있었습니다.

또 한 가지 체험은 2006년 9월부터 성령님의 이름이 들어 있는 성경구절을 암송하면서 성령님을 바라보기 시작한 지 9개월 정도 흘렀을 때였습니다. 2007년 봄, 뉴욕에 온 지 4년 만에 처음으로 한국으로 향하는 비행기에 탑승했습니다. 비행기가 이륙하려는 순간부터 저는 성경책을 꺼내어 성령님에 대한 성경말씀을 암송하기 시작했습니다. 안전하게 이륙하고 안전벨트 경고등이 꺼진 순간, 오른쪽 옆에 앉은 60대 초반으로 보이는 한국 중년 여성이 제게 말을 건넸습니다.

"기독교인이신가 보죠? 혹시 목사님이세요?"

저는 그녀의 질문을 들으면서 같은 기독교인으로 생각하며 그렇다고 대답을 했는데 그 후 제게 건네는 질문을 들으며 그녀가 여호와의증인임을 알 수 있었습니다. 그녀는 어릴 때 장로교회에 다니다가 교회에서 상처를 받고 여호와의증인으로 옮긴 지 30년이 다 되어간다고 했습니다. 한국까지 14시간이라는 아주 충분한 시간이 있었기에 저는 그녀에게 한 가지 제안을 했습니다.

"제 신앙과 아주머니 신앙은 다른 점이 있습니다. 물론 자신의 신앙에 비추어 보았을 때 상대방이 틀렸다고 볼 수밖에 없는 평행선이 우리 사이에 놓여 있죠. 하지만 서로에 대해 틀렸다고 말하면서 얼굴을 붉히며 논쟁하지 말고, 상대방의 교리가 어떤 것인지 충분히 듣고 나서 건전한 토론의 방식으로 대화를 하는 것이 어떻겠습니까? 우리에게는 14시간이라는 시간이 있습니다."

그녀는 제안을 받아들였고, 우리는 대화를 시작했습니다. 저는 여호와의증인의 중심교리에 대해 그녀가 설명을 하는 것을 듣고 난 후 그들이 인정하지 않는 삼위일체 하나님과 예수 그리스도가 하나님이시라는 것을 설명했습니다. 그리고 나서 토론이 시작되었는데 여호와의증인의 교리와 정통 기독교의 교리의 견해 차이는 전혀 줄어들지 않았고, 토론은 좀처럼 끝날 것 같지 않았습니다. 그러다가 저는 여호와의증인들의 약점이라고 할 수 있는 체험적 신앙을 강조하면서 제 삶에 대해 간증을 하기 시작했습니다. 그녀는 제 첫 간증을 들으면서 우연일 뿐이라며 받아들이지 않았습니다. 하지만 저는 연속적으로 이어지는 내용을 쉴 새 없이 들려주었고, 그녀는 점차 숙연한 태도로 듣기 시작했습니다.

간증을 마치면서 저는 그들의 두 번째 약한 점을 다루기 시작했습니다. 그들은 성령을 비인격적인 힘이나 기운으로만 치부하는데, 그 부분에 대해 말을 꺼낸 것이지요. 그리고는 놀라운 간증들이 하나로 이어지도록 인도하신 분이 바로 인격적인 성령님이시라는 것을 설명했습니다.

마지막에는 예수님께서 성령님을 인격적인 존재로 소개하신 요한복음 14장부터 16장까지의 성령님에 대한 성경구절 13개를 연속적으로 암송 선포했습니다. 그러자 그녀의 표정은 암송 선포되는 말씀 앞에 압도당한 듯했고, 성령님에 대한 암송 선포가 다 끝난 뒤에 제게 말했습니다.

"여기 제 명함이 있습니다. 저는 브라질 상파울로에 살고 있는데, 브라질에 오실 기회가 있으면 저를 찾아주시면 감사하겠습니다. 긴 시간 동안 좋은 대화를 나누었습니다. 목사님께서 설명해주신 것들을 다시 한 번 깊이 생각해보겠습니다."

제 간증을 통해 그녀의 마음이 흔들린 것을 느낄 수 있었고, 특히 성령님에 대한 성경구절을 암송하여 선포할 때 그 말씀의 위력 앞에 그녀가 어떤 반론도 제기하지 못하는 것을 볼 수 있었습니다.

한 가지 체험을 더 나누겠습니다. 제 둘째 형인 지요한 목사의 간증입니다. 그는 성경을 5,000구절 정도 암송합니다. 그는 2007년에 '성경암송 드라마설교'라는 특수 사역을 시작했습니다. 그 사역은 단순한 성경암송 시범이 아닙니다. 성경 속의 인물들이 직접 연기를 하며 드라마를 하듯이 입체적으로 암송을 선포하며 말씀만으로 설교하는 사역입니다.

지요한 목사가 2008년 쯤에 한국의 한 교회 집회에 초청을 받았을 때의 일입니다. 그는 갈라디아서 1장부터 6장까지의 전장을 드라마틱하게 암송하며 설교를 했습니다. 그런데 집회가 끝나고 나서 한 중년 여성이 찾아와서 이런 말을 했다고 합니다.

"저는 여호와의증인으로 30년 넘게 지내왔습니다. 이 동네에 살고 있는데 성경암송 드라마설교를 한다는 집회 광고를 보고 호기심에 참석했는데 목사님이 갈라디아서 전체를 암송 설교하시는 것을 듣고 한 가지 중대한 결심을 했습니다. 오늘부터 여호와의증인을 떠나겠습니다. 그런데 제가 좀 창피하니까 다른 분들께는 비밀로 해주시기를 바랍니다."

지요한 목사는 갈라디아서를 강해한 것이 아니었습니다. 마치 사도 바울이 갈라디아교회 성도들에게 직접 설교하듯이 토씨 하나 틀리지 않게 암송 선포를 한 것뿐이었죠. 말씀을 설명하고 분석하는 것에 능력이 있는 것이 아니라 말씀 자체에 능력이 있습니다. 이것은 성경암송 선포 말씀을 통해 성령께서 구원의 능력으로 역사하신 아주 좋은 사례입니다.

둘째, 성경구절들이 서로 연결되는 놀라운 효과를 체험하게 됩니다. 에스겔서 37장에는 마른 뼈의 환상에 대한 내용이 나옵니다.

또 내게 이르시되 너는 이 모든 뼈에게 대언하여 이르기를 너희 마른 뼈들아 여호와의 말씀을 들을지어다 주 여호와께서 이 뼈들에게 이같이 말씀하시기를 내가 생기를 너희에게 들어가게 하리니 너희가 살아나리라 너희 위에 힘줄을 두고 살을 입히고 가죽으로 덮고 너희 속에 생기를 넣으리니 너희가 살아나리라 또 내가 여호와인 줄 너희가 알리라 하셨다 하라 이에 내가 명령을 따라 대언하니 대언할 때에 소리가 나고 움직이며 이 뼈, 저 뼈가 들어 맞아 뼈들이 서로 연결되더라 내가 또 보니 그 뼈에 힘줄이 생기고 살이 오르며 그 위에 가죽이 덮이나 그 속에 생기는 없더라 또 내게 이르시되 인자야 너는 생기를 향하여 대언하라 생기에게 대언하여 이르기를 주 여호와께서 이같이 말씀하시기를 생기야 사방에서부터 와서 이 죽음을 당한 자에게 불어서 살아나게 하라 하셨다 하라 이에 내가 그 명령대로 대언하였더니 생기가 그들에게 들어가매 그들이 곧 살

아나서 일어나 서는데 극히 큰 군대더라 겔 37:4-10

    골짜기에 널려 있는 수많은 뼈 조각들에게 에스겔이 하나님의 말씀을 대언하자 뼈들이 서로 연결되고, 힘줄과 살이 붙고, 가죽이 덮히게 되었습니다. 아직 생기가 없었을 때 다시 에스겔은 "생기야, 사방에서부터 와서 이 죽음을 당한 자에게 불어서 살아나게 하라"라고 했습니다. 에스겔이 하나님의 명령대로 대언했을 때 생기가 뼈들에게 들어가고 곧 살아나 일어나서 지극히 큰 군대가 되었습니다.

    어느 날, 성령님께서 제게 에스겔의 마른 뼈 환상이 우리 머릿속에서 말씀들이 조각들처럼 흩어져 있는 것과 같다고 조명해주셨습니다. 우리 머릿속에는 그동안 신앙생활을 하면서 들어왔던 수많은 말씀들이 있습니다. 그런데 그 말씀들은 마치 에스겔 골짜기의 죽은 뼈 조각들과 같은 상태로 서로 연결되지 않은 채 수많은 조각으로 나뉘어져 있는 것과 같습니다.

    그래서 설교를 들으면 과거에 들었던 말씀들이 머릿속에서 확인될 때마다 '아, 저 말씀은 내가 알고 있는 말씀이지'라고 생각합니다. 하지만 그것은 머릿속에 있는 말씀 조각 하나를 확인하는 정도에 불과합니다. 이런 말씀은 우리 삶에서 능력이 되지 못합니다.

조각과 같이 흩어져 있는 그 수많은 말씀들은 서로 상합되어져야 합니다. 그리고 그 상합된 말씀들에 힘줄이 붙고, 가죽이 덮여져야 하며, 하나님의 생기이신 성령님이 임하셔야 합니다. 조각조각 나뉘어져 있는 말씀들을 서로 연결시키기 위해서 암송을 해야 합니다.

단순히 누군가가 선포하는 말씀을 듣고 자기 머릿속에 있는 말씀을 확인하는 차원에서 머물지 말고, 그 말씀을 찾아서 반복하여 암송으로 되새김질을 해야 합니다.

십수 년 동안 말씀들을 암송하다 보니까 설교할 때 암송한 말씀이 연결되는 놀라운 체험을 많이 하게 됩니다. 정해진 본문과 주제로 설교가 준비되어 있으나 설교 현장에서 말씀을 선포하다 보면 준비되지 않았던 말씀들이 꼬리에 꼬리를 물고 이어지며 선포되는 것을 경험할 때가 있습니다. 암송된 말씀들이 서로 상합되면서 군대로 나타나는 것입니다. 그럴 때 설교자인 제가 가장 큰 은혜를 받게 됩니다. 의도적으로 연결시키려고 한 것이 아니고 성령께서 인도하신 것임을 제가 가장 잘 알기 때문입니다.

셋째, 누군가를 위해 기도해줄 때 암송 구절들이 떠올라 선포하면 하나님의 역사가 그들에게 임합니다.

기도를 부탁하는 성도들이 있을 때 저는 제일 먼저 그들을 주님께 올려드리며 잠시 성령님께 집중해봅니다. 성령께서 제가 암송하고 있는 구절들을 통하여 그 성도를 향한 아버지의 마음을 보여주실 것이라는 믿음 때문입니다. 여러 교회에서 비슷한 체험들을 여러 번 했는데, 캘리포니아의 한 교회와 대전의 한 교회 부흥회에서도 이런 일을 겪었습니다.

저는 성도들에게 안수기도를 하면서 암송 구절들 중에서 떠오르는 말씀들을 믿음으로 선포했습니다. 그 성도들의 삶의 상황이 제게 환상으로 보여지고 하나님의 어떤 음성이 들린 게 아니었습니다. 제 안의 성령님께 집중할 때 암송하고 있는 말씀들 중에 성령께서 떠올려주시는 말씀들을 선포한 것뿐이었죠. 그런데 집회 후에 담임목사님이 그 성도들의 형편과 사정에 꼭 맞는 말씀이었다고 했습니다. 그러나 그것은 제가 한 것이 아니었습니다. 제가 암송하고 있는 말씀들을 성령께서 직접 사용하신 것이었죠.

넷째, 육체의 고통과 마음의 공포심을 견딜 수 있습니다.

무척 창피한 이야기를 하려 합니다. 2007년까지 저는 치아 건강에 대해 관심이 전혀 없었습니다. 평생 충치가 거의 없었기에 치아가 건강할 것이라고 생각했던 것입니다. 나중에 안 사실이지만 저처럼 치아 관리를 전혀 하지 않는 사람들에게는 반드시 풍치가 생긴다고 합니다.

2007년에 한국 방문 중 치과의사인 이모부가 제 치아를 한번 봐 주시겠다고 하셨습니다. 그런데 이모부가 제 치아 상태를 보시더니 깜짝 놀라셨습니다. 많은 치석으로 잇몸에 치주염이 심했던 것입니다. 저는 그때 처음으로 스케일링을 받았는데 그날을 절대 잊지 못합니다. 기계 돌아가는 소리에 대한 공포, 잇몸이 찔리고, 신경이 건드려지는 고통을 참기가 정말 힘들었습니다. 그 때문에 몸 전체가 경직이 되었습니다.

20분 정도 시간이 흘렀을 때 고통을 덤덤히 받아들이자는 생각과 함께 몸의 긴장을 풀었습니다. 그리고 암송하고 있던 성경구절들을 떠올리기 시작했습니다. 치아를 치료 받고 있었기에 입술로 소리를 내지는 못했지만 머릿속에서는 암송 구절들을 훑어 내려 갔습니다. 제 생각의 초점이 고통에서 성경구절로 옮겨지자, 여전히 몸에는 고통이 느껴졌지만 마음은 평안해지기 시작했습니다.

그러자 어느 순간부터 신기하게도 아픔이 더 이상 문제가 되지 않았습니다. 생각을 더욱 암송 구절에 초점을 맞추어가며 저는 육체의 고통을 덤덤하게 받아들이고 있었습니다. 그것은 기적이었습니다. 육체와 영혼이 분리되는 듯한 느낌이었죠.

저는 그때 북한의 지하교인들이 극심한 고문 가운데 죽어가면서도 신앙을 지킬 수 있었던 것이 그러한 상태가 아니었을까 생각해보게 되었습니다. 우리가 아는 대로 북한의 지하교인들 중에는 성경을 줄줄 암송하는 성도들이 많다고 합니다. 그들이 극심한 핍박 속에서도 견딜 수 있는 힘은 성경암송을 통해 육체의 고통과 영혼의 분리라는 체험에서 나오는 것이 아닌가 조심스레 추측을 해보았습니다.

다섯째, 마음을 지킬 수 있게 됩니다.

두려움과 걱정과 염려와 같은 부정적인 감정으로부터 해방되어 평강을 누리게 되는 효과가 나타납니다. 2012년 가을, 한국 방문 중에 청량리에서 한 청년을 만나서 점심을 먹었습니다. 그런데 식당에서 나온 지 한참 후에 아이패드(iPad, 이동식 태블릿 컴퓨터)를 놓고 온 것을 알아차렸습니다. 식당에서 잘 보관해주고 있을지 모른다고 생각하며 가보았지만 결국 찾지 못했습니다. 그러자 제 심장은 더 크게 뛰었습니다. 왜 그런 감정과 함께 심장이 뛰는 육체의 현상이 있었을까요. 그것은 아이패드를 잃어버린 사실 때문이 아니었습니다. 원인은 그 일에 대한 제 생각이었습니다.

'아! 조금만 더 꼼꼼히 챙겼더라면, 그때 다른 위치에 놓았더라면…'

이런 생각이 제게 불안과 아쉬운 감정을 주었고, 그것 때문에 심장이 뛴 것이었습니다. 아이패드를 잃어버린다고 해서 모든 사람이 다 불안해하지 않습니다. '아, 어차피 새로운 모델을 사려고 했는데 뭐 잘되었네!'라고 생각한 사람은 그렇지 않을 것입니다.

간단한 예를 들겠습니다. 제 아버지는 주님을 만나시기 전에는 주사(酒邪)가 심했습니다. 저는 아버지가 술을 마시고 들어오는 일이 화가 날 일인 줄 알았기에 그 일이 벌어지면 화가 많이 났습니다. 그런데 다른 집에서는 평소에는 엄격하고 무섭고 구두쇠인 아버지가 술을 마시고 들어오는 날이면 순한 양이 되어 아들에게 용돈을 준다고 한다면, 그 아들은 아버지가 술 마시고 들어오시는 일을 오히려 기다리고 좋아할 것입니다.

같은 경우인데, 왜 우리 집에서는 화가 날 일이고, 그 집에서는 기쁜 일일까요? 사건 그 자체에는 화나 기쁨이라는 감정이 없습니다. 그렇다면 화가 날 일이 아니라면 무슨 일일까요? 그저 아버지가 술 마시고 들어오시는 일일 뿐입니다. 화는 우리 속에 있는 것이고, 화라는 감정은 내가 생각해서 불러내는 것입니다.

'아버지가 독자(獨子)로 성장하고, 깨어진 가정에서 여러 가지 결핍을 체험하면서 받은 상처를 술로 푸시는구나. 아버지가 되는 훈련을 하나님께로부터 못 받으시고 열등감에 인생을 한탄하며 술로 달래시는구나. 불쌍한 아버지께 잘해드려야지.'

만약에 제가 이런 생각으로 마음을 지켰다면 화가 나지 않았겠지요. 아마도 술을 드시고 집에 들어오실 때마다 아버지께 더 잘해드렸을 수도 있었을 것입니다. 화를 불러내는 생각을 버리면 그 감정이 사라지기에 "생각을 지키라"라고 주께서 말씀하신 것입니다.

저는 이 부분에 어느 정도 훈련이 되어 있었습니다. 그런데 정작 아이패드를 잃어버린 일에 대한 부정적인 생각은 버리려고 노력을 해도 좀처럼 되지 않았습니다. 그러한 상태로 15분 정도가 지났는데 갑자기 암송말씀이 입에서 튀어나오기 시작했습니다. 그러면서 제 안에 계신 성령님께 집중하기 시작했습니다. 사실 그 말씀은 아이패드를 잃어버린 상황과 별로 상관없는 말씀이었습니다.

"하나님의 아들 예수 그리스도의 복음의 시작이라 선지자 이사야의 글에 보라 내가 내 사자를 네 앞에 보내노니 그가 네 길을 준비하리라 광야에 외치는 자의 소리가 있어 이르되…."

마가복음 1장 첫 부분의 말씀이 튀어나왔습니다. 그러자 신기하게도 곧바로 제 의지와 상관없이 마음이 가라앉으며 성령께서 주시는 평안이 찾아왔습니다(롬 14:17). 이것이 바로 입술과 혀의 훈련됨으로 생각을 지키며 내 안의 성령님을 바라보는 기도 훈련의 결과였습니다. 놀라운 체험이었습니다.

그렇게 말씀암송으로 마음을 잘 지킨 그날, 놀랍게도 새 아이패드가 생겼습니다. 제가 잃어버렸다고 이야기하지도 않았는데 어느 목사님께서 선물을 하셨습니다. 그리고 일주일 뒤에 또 다른 분이 주서서 갑자기 두 개가 생겼습니다. 말씀암송으로 마음을 잘 지킨 것에 대해 주께서 격려해주시는 것 같았습니다.

여섯째, 영적 상태가 민감하게 진단됩니다.

2013년 5월, 21일 장기금식을 하며 마가복음 전체를 암송하고 있는데, 성령님께 집중하는 사이 수시로 다른 생각을 하고 있는 저를 발견했습니다. 분명히 말씀암송이 진행되고 있었는데, 어느덧 암송을 멈추고 당면한 문제를 걱정하거나, 지나간 일에 대해 '그때 왜 그랬을까?' 하며 아쉬워하는 제 모습을 발견하게 된 것이지요.

그럴 때마다 성령님께 집중하도록 노력했지만 다시 그 문제를 향하는 모습을 보게 되었습니다. 저는 그것이 바로 제 영적 상태라는 것을 알게 되었죠. 말씀암송으로 생각을 깨끗하게 비우며 성령님을 바라보다가도 어느새 다른 기억에 초점이 옮겨진다는 것은 바로 그만큼 기억하고 있는 그 일을 심각하게 생각한 것입니다.

하지만 그렇더라도 정죄감을 가질 필요는 없습니다. 영적 상태가 진단되는 것은 감사한 일이며 축복입니다. 그것이 진단되는 즉시 다시 말씀을 암송하며 모든 것을 책임져주실 성령님을 바라보면 됩니다.

일곱째, 암송하고 있는 구절이 당면하고 있는 문제에 대한 기도와 간구로 저절로 바뀌게 되며, 주님의 음성으로 흘러나오게 됩니다.

어느 날 마가복음을 암송하는 중 4장에서 갑자기 풍랑이 일어 제자들이 주님께 부르짖는 37절과 38절 부분에 이르렀습니다.

큰 광풍이 일어나며 물결이 배에 부딪쳐 들어와 배에 가득하게 되었더라 예수께서는 고물에서 베개를 베고 주무시더니 제자들이 깨우며 이르되 선생님이여 우리가 죽게 된 것을 돌보지 아니하시나이까 하니

그리고 "선생님이여 우리가 죽게 된 것을 돌보지 아니하시나이까 하니"라는 부분을 암송하는 순간, 갑자기 제가 아주 오랜 세월 동안 주님께 요청하고 있던 기도제목이 떠올랐습니다. 그리고 그 기도에 아직도 응답해주시지 않는 것에 대한 하나님을 향한 원망이 흘러나오면서 갑자기 괴로운 심정이 되어버렸습니다. 그러면서 본문의 '우리'라는 단어가 바뀌어져 흘러나왔습니다.

"주님, 제가 죽게 된 것을 돌보지 않으십니까?"라는 간구가 반복하여 흘러나왔습니다. 그것은 뜻밖에 제 영혼 속의 숨은 감정이 드러나는 것이었습니다. 포장되어 있던 제 마음이 벗겨진 것입니다. 그런데 비록 주님을 향한 원망과 불신의 표현이기는 했지만

오히려 제 솔직한 마음을 주님께 부르짖으니 마음이 한결 가벼워졌습니다.

　주님의 때에 아름답게 모든 것이 변화될 것임을 머리로는 알고 있습니다. 하지만 머리로 아는 지식으로 저를 포장하기보다 제 영혼 깊은 속에서 흘러나오는 솔직한 간구로 투명하게 주님께 나아가니 제 마음이 치유되는 것 같았습니다. 그러자 주님은 곧바로 그 다음 암송 구절로 책망하셨습니다.

　이에 제자들에게 이르시되 어찌하여 이렇게 무서워하느냐 너희가 어찌 믿음이 없느냐 하시니　막 4:40

　이 말씀을 암송하는 순간, 제 마음의 고백을 들으시고 믿음이 없는 저를 책망하시는 주님의 음성은 정말 달콤했습니다. 마치 주님과 직접 대화하는 것 같았습니다. 그러다가 어느덧 마가복음 4장 암송을 끝내고 5장과 6장을 지나 7장에 접어들어서 주님과 수로보니게 여인과의 대화 부분에 이르렀습니다.

　예수께서 이르시되 자녀로 먼저 배불리 먹게 할지니 자녀의 떡을 취하여 개들에게 던짐이 마땅치 아니하니라 여자가 대답하여 이르되 주여 옳소이다마는 상 아래 개들도 아이들이 먹던

부스러기를 먹나이다　막 7:27,28

이 부분을 암송하는데 희한한 기도가 흘러나왔습니다.

"주님, 이방인이며 개 같은 제게 부스러기의 은혜라도 주옵소서."

그날의 마가복음 4장과 7장의 암송체험을 통해 처음으로 기도한 것을 주님께서 들으셨을 줄 믿습니다. 그리고 제게 응답하실 것이라 믿습니다.

여덟째, 영성 깊은 지성을 소유하게 됩니다.

지성은 혼(魂)의 영역에 속해 있습니다. 혼은 영과 육의 중간 위치에 있습니다. 그래서 혼에 속한 지성은 영의 세계에 반응하기도 하고 보이는 육의 세계에 반응하기도 합니다. 예수님께서 혼적 생명을 미워해야 영적 생명이 살아난다고 하셨습니다(요 12:25). 아담의 죄로 말미암아 지성이 부패했습니다. 그리고 인간의 마음(지성)에 의해 세상도 병들었습니다.

이는 세상에 있는 모든 것이 육신의 정욕과 안목의 정욕과 이생의 자랑이니 다 아버지께로부터 온 것이 아니요 세상으로부터 온 것이라　요일 2:16

병든 세상에 반응하는 것이 또 우리의 지성입니다. 그 육적 지성을 영이신 말씀암송을 통해 부인할 때 영성 있는 지성이 됩니다.

지성의 개발은 언어의 개발에서 시작된다고 합니다. 영적 세계를 말해주는 성경을 통해 많은 단어와 문장을 암송한 사람일수록 높은 지성을 소유합니다. 따라서 성경암송을 많이 한 사람은 당연히 높은 지성을 갖게 됩니다.

아홉째, 의지력이 향상됩니다.

성경암송기도에 있어서 반복은 정말 중요합니다. 그런데 매일 다가오는 큰 유혹이 있습니다. '오늘 또 반복할 필요가 있나?'라는 것입니다. 만약 그 유혹에 넘어가 하루 이틀 암송을 건너뛰면 그만큼 말씀은 희미해집니다. 하지만 매일 건너뛰고 싶은 유혹을 이기고 다시 암송을 반복할 때마다 우리의 의지력은 점점 더 향상됩니다. 암송으로 말씀을 붙잡는 의지력이 생긴다면 그것이 삶 속에서 여러 문제 가운데 하나님을 붙잡게 되는 힘으로 적용될 것이 분명합니다.

열째, 언제 어디에서나 깊은 묵상을 할 수 있습니다.

암송기도로 자아를 비워서 성령 집중을 잘하다 보면 말씀이 혀와 입술과 생각과 영에 각인이 됩니다. 그래서 시간과 장소에 전혀 구애받지 않고, 언제 어디에서나 말씀을 암송으로 꺼내어 되새김질하며 자아부인의 기도로 성령님을 바라볼 수 있습니다.

이것이 쉬지 않고 기도할 수 있는 비밀 중 하나입니다. 암송으로 말씀을 하루 종일 되새김질하면 성령님으로부터 그 암송 구절에 대한 깊은 통찰력이 생깁니다. 책상에서 눈으로만 말씀을 묵상하는 것과는 많은 차이가 있습니다.

"
성령님을 바라보는 가장 좋은 도구는
성령께서 쓰신 성경입니다.
죽은 글씨를 살려내는 것은
소리 내어 암송을 하는 것이며,
이때야말로 살아 계신
성령님(온전한 법)께 더 집중할 수 있습니다.
"

성경암송기도의 영적 원리

자유롭게 하는 온전한 율법

우리가 자아부인의 삶에 대해 안다고 행동으로 바로 나타나는 것은 아닙니다. 왜냐하면 우리의 육체와 마음은 이미 자아가 주장하고 있는 삶에 길들여져 있기 때문입니다. 따라서 행동과 습관을 바꾸려고 하기 전에 생각부터 바꾸어야 합니다.

육체에서 나오는 습관은 생각하는 것의 결과입니다. 그래서 자아부인의 삶을 실천하기 전에 먼저 기도 속에서 자아를 부인하는 훈련을 해야 합니다. 훈련한 만큼 그 기도가 삶이 됩니다. 즉, 기도가 영적 생활의 열쇠가 됩니다.

믿음은 영적 성품입니다. 그러나 혼적 성품인 내 생각은 믿음을 방해하기 마련입니다. 때문에 우리는 기도를 통해 생각을 비우는 훈련을 해야 하고, 그렇게 할 때 비로소 삶에서 매 순간 자아를 부인하고 주의 뜻대로 움직일 수 있습니다.

염려는 우리의 생각에서 비롯되기 때문에 염려를 내려놓고 오직 믿음으로 찬양하고 감사하면서 우리 안의 성령님을 바라봐야 합니다. 그러면 내가 그리스도 안에 있고, 그리스도께서 내 안에 계신다는 것이 더욱 믿어질 것입니다. 그때 내 모든 생각보다 더 높은 하나님의 평강이 임합니다. 생각을 내려놓는 만큼 자기를 부인하신 그리스도가 내 안에 있다는 믿음이 더 강해져서 그로 인해 자아부인의 삶을 실천하게 됩니다.

진리는 생각으로 이해하고 배워서 채워지는 것이 아닙니다. 우리 안에 이미 완벽한 진리가 있습니다. 진리이신 예수께서 우리 안에 진리의 영으로 계시기 때문입니다.

선지자 야고보는 행하는 것만을 강조하지 않았습니다. 그는 복음의 핵심을 말하고 있습니다.

그러므로 모든 더러운 것과 넘치는 악을 내버리고 너희 영혼을 능히 구원할 바 마음에 심어진 말씀을 온유함으로 받으라 _약 1:21_

주의 말씀(법)이 우리 영혼에 이미 심겨졌다고 합니다. 이미 마음속에 있는 그 법이 우리를 자유케 하는 온전한 율법이라는 것이지요. 야고보서 1장 25절에서는 이렇게 말하고 있습니다.

자유롭게 하는 온전한 율법을 들여다보고 있는 자는 듣고 잊어버리는 자가 아니요 실천하는 자니 이 사람은 그 행하는 일에 복을 받으리라

우리 안에 있는 그 법을 들여다보는 자는 "실행하여 복을 받는 자"라고 합니다. 이때 우리를 자유케 하는 온전한 율법을 들여다보는 방법이 바로 성경암송입니다. 그리고 이것이 암송의 영적인 원리입니다.

"자유롭게 하는 온전한 율법"이란 표현은 언뜻 보면 잘 이해가 가지 않습니다. 왜냐하면 죄의 권능은 율법(고전 15:56)이라 했고, 율법은 우리를 얽매이게 하는 것이기 때문입니다(롬 7:6). 그러나 이것을 푸는 열쇠가 다음의 말씀에 있습니다.

율법 조문(글자)은 죽이는 것이요 영은 살리는 것이니라 고후 3:6

글자로서의 율법이 우리를 자유케 할 수 없다는 것입니다. 그래서 이것을 이미 알고 계신 전지전능하신 하나님께서는 창세전에

또 다른 법을 준비하셨습니다. 예레미야를 통해 하나님의 법(말씀)을 우리 속에 두고 마음에 기록하겠다고 하셨지요(렘 31:33).

하나님께서는 법을 우리 안에 두기 위해서 십자가와 부활로 옛 생명을 죽이시고 우리의 영을 새롭게 하신 다음 우리의 새 영 안에 성령을 부으셨습니다(겔 36:26,27). 그렇다면 예수 그리스도를 구주로 믿은 우리 속에 법과 성령이 따로 계신 걸까요? 아닙니다. 성령님이 바로 자유케 하는 온전한 율법입니다. 주의 영이 계신 곳에만 자유가 있기 때문입니다(고후 3:17).

자유케 하는 온전한 율법을 바라보는 것은 성령님을 바라보는 것입니다. 따라서 성령님을 바라보는 가장 좋은 도구는 성령께서 쓰신 성경입니다. 죽은 글씨를 살려내는 것은 소리 내어 암송을 하는 것이며, 이때야말로 살아 계신 성령님(온전한 법)께 더 집중할 수 있습니다. 이렇게 될 때 비로소 암송된 말씀을 영으로 듣게 되고, 잊어버리지 않고 실행하게 되어 복을 받게 됩니다(약 1:25).

우리가 할 수 있는 유일한 하나님의 일

저는 뉴욕 맨해튼과 브루클린에서 모든 열방과 유대인을 위한 전도 사역과 세계 선교를 위한 중보기도 사역을 하고 있습니다. 노란 피켓을 들고 거리를 다니며 노방전도를 하는데, 이것이 많은 사람들에게 알려지면서 한국을 자주 방문하게 되었습니다.

2010년 어느 날, 한국에 들어왔을 때였습니다. 지하철 내방역 근처에서 사역자들과의 미팅이 있었는데, 그때 김진섭 박사(현 백석대 대외협력 부총장)를 처음 만났습니다. 그 분이 제가 들고 있던 전도 피켓의 문구를 그대로 선포하며 말했습니다.

"빌리브 인 더 로드 지저스!(Believe in the Lord Jesus!) 할렐루야! 구약과 신약에 있는 하나님의 613개의 모든 계명들을 둘로 요약하면 '하라, 하지 말라'인데 그것을 다시 한마디로 압축하면 바로 '주 예수를 믿으라!'입니다."

그렇습니다. 예수님을 믿는 것이 우리가 할 수 있는 일입니다. 그러나 입술로는 믿는다고 하지만, 그것이 우리의 욕심 때문은 아닌지 한번쯤 생각해볼 필요가 있습니다. 오병이어의 기적을 체험한 사람들처럼 말입니다. 요한은 요한복음 6장에서 큰 무리들이 예수님을 따르는 것은 병자들이 예수님의 표적을 본 까닭이라고 기술했습니다. 그가 '표적'이란 단어를 쓴 것은 분명한 의도가 있습니다.

오병이어의 기적을 체험한 사람들이 예수님을 왕으로 삼기 위해 따라왔을 때, 예수님은 이렇게 말씀하십니다.

"내가 진실로 진실로 너희에게 이르노니 너희가 나를 찾는 것은 표적을 본 까닭이 아니요 떡을 먹고 배부른 까닭이로다 썩을 양식을 위하여 일하지 말고 영생하도록 있는 양식을 위하여 하라"(요 6:26,27).

예수님은 그들의 속마음을 다 알고 계셨습니다. 그들은 표적이 아니라 자신들의 생각(욕심)을 채우기 위해 그분을 왕으로 삼고자 했던 것입니다. 그러나 영생이란 단어를 들은 유대인들은 표적도 많이 보았고 떡을 먹어 배가 부르니 영생도 얻으면 금상첨화일 것이라고 생각했습니다. 그래서 영생을 얻을 만한 하나님의 일이 무엇인지 예수님께 여쭤봅니다.

"우리가 어떻게 하여야 하나님의 일을 하오리이까"(요 6:28).

여기서 말하는 '일'은 헬라어로 '에르곤(ἔργον)', 본래 복수 형태인 '일들'이란 뜻입니다. 이를 풀어서 쓰면 이렇게 되겠지요.

"어떻게 하여야 하나님의 '일들'을 하오리이까?"

이때 예수님께서 다음과 같이 대답하셨습니다.

"하나님께서 보내신 이를 믿는 것이 하나님의 일이니라"(요 6:29).

놀랍게도 예수님께서 말씀하실 때는 에르곤 앞에 정관사 "τοj(the)"가 붙으면서 단수 형태가 됩니다.

"너희가 할 수 있는 하나님의 일이 오직 하나가 있는데, 그것은 하나님께서 보내신 자를 믿는 것이다."

하나님의 일은 하나님만 하실 수 있습니다. 그래서 하나님의 일인 것입니다. 단, 우리가 할 수 있는 하나님의 일이 하나 있습니다. 아버지께서 보내신 자를 믿는 것이지요. 또한 그 아들이 십자가를 통하여 영광을 얻으신 후 보좌에서 보내신 성령님을 믿는 것입니다. 그 믿음 속에 자아부인과 순종의 삶이 모두 들어 있습니다. 이제 복음만 믿으면 살 수 있습니다.

아담과 하와가 선악과를 따먹고 싶다는 자아를 부인하지 못한 것이 바로 죄의 뿌리입니다. 죄지은 인간이 자신의 힘과 노력만으로는 죄에서 구원할 수 없습니다. 죄의 뿌리가 자아라면, 자아부인에 실패한 인간이 다시 자신의 노력으로 자아부인에 성공할 수 없다는 결론이 나옵니다.

우리가 자아를 부인하기 위해서는 반드시 십자가가 필요합니다. 공의와 사랑의 하나님께서는 자신의 자리인 영광의 보좌를 부인하시고 이 땅에 오셨고, 십자가에서 죽으심으로 자기를 완전히 부인하셨습니다. 그러므로 우리가 하나님의 자기 부인의 절정인 십자가 앞에 서 있어야 자아부인(회개)이 가능한 것입니다.

이는 잘못된 행동을 하나하나 돌이키는 회개의 행위만을 말하는 것이 아닙니다. 물론 그것도 포함되어 있습니다. 그러나 그보다 더 중요한 것은 모든 죄 된 행위의 근본이신 하나님 앞에서의 잘못된 태도, 즉 자기가 스스로 삶의 주인 노릇을 하고 하나님을 무시하고 살았던 태도에 대해 생각을 돌이키는 것을 말합니다.

우리는 생각을 돌이켜서 회개하고, 하나님께 보내심을 받아 죽으시고 부활하신 그리스도 예수를 구세주로 믿으면 구원을 받게 됩니다(롬 10:9). 그러면 예수께서는 우리를 그의 죽음과 부활과 보좌에 연합시켜주시고 우리에게 성령을 부으십니다.

다시 말해 우리가 유일하게 할 수 있는 하나님의 일은 십자가 앞에서 생각을 돌이켜 회개하고, 하나님께서 보내신 아들을 믿고, 또한 영광을 회복하셔서 보좌에 앉으신 아들이 보내신 성령님을 믿는 것입니다.

하나님께로부터 보내심을 받은 성령님을 믿고 바라보기 위한 도구는 바로 '성경암송기도'입니다. 그런데 우리의 자아로 인해 믿음은 수시로 흔들리고 맙니다. 썩어질 육체를 입고 있는 동안 우리의 육체와 혼은 옛 자아의 습관에 물들어 있지요. 그렇기 때문에 우리의 시선이 내 안에 계신 성령께로부터 다른 곳으로 향하는 즉시 우리의 자아가 튀어나오게 됩니다. 이것이 우리의 현실적 자아입니다.

그러나 이런 자아는 주님과 함께 이미 죽은 것입니다. 이는 우리의 진정한 정체성입니다. 이 영적 원리에 의하여 성경암송을 통해 자아를 십자가에 못 박으며 하나님께서 보내신 성령님을 믿고 끊임없이 바라보는 기도를 하는 것입니다. 성경암송기도는 바로 우리가 할 수 있는 유일한 하나님의 일, 즉 보내심을 받으신 성령님을 믿고 바라보는 가장 훌륭한 방법입니다.

숨쉬기보다 쉬운 자아부인

제 신앙 여정에 큰 도전을 준 멘토들이 많습니다. 그중 한 명이 바로 잔느 귀용입니다. 그녀가 기독교에 끼친 영향은 매우 큽니다. 퀘이커 교도들, 진젠도르프, 모라비안들, 존 웨슬리를 비롯해 많은 영적 거장들의 생애에 중요한 영향을 끼쳤다고 합니다. 그녀로부터 영향을 받은 인물들과 운동에 대해 말하면 여러 권의 책으로 엮어도 부족할 정도라고 많은 사람들이 말할 정도니까요. 물론 그녀가 한 것이 아니라 그 안에 계신 주님이 하신 일이겠지요.

특히 그녀의 책 중에《예수 그리스도를 깊이 체험하기》는 수많은 영적 거장들에게 큰 영향을 주었습니다. 잔느 귀용은 그 책에서 이와 같이 이야기하고 있습니다.

사랑하는 독자여, 이 세상에 예수 그리스도를 경험하며 누리는 것보다 더 쉬운 일은 없습니다!
주님께서는 당신 자신보다도 당신과 더 가까이에 계십니다! 더구나 당신에게 주님 자신을 주려고 하시는 주님의 마음은, 주님을 붙잡으려고 하는 당신의 마음보다 더 큽니다.

1997년, 저는 십자가의 도를 깨달은 후 자아부인의 삶이 실상은 쉽다는 것을 조금씩 알아가고 있었습니다. 그리고 어느 날 잔느 귀용이 체험한 하나님을 동일하게 체험하고 싶다는 열망이 제 안에서 솟구쳐 올라왔습니다. 특히 그녀가 쓴 글귀 중에 제 영혼을 송두리째 뒤흔드는 표현이 있었습니다.

　　주님을 구하는 방법을 알게 되면 하나님께로 나아가는 방법이 숨을 쉬는 것보다도 더 쉽다는 사실을 발견하게 될 것입니다.

　책을 읽으며 저는 큰 충격을 받았습니다.
　'과연 그럴 수 있을까?'
　저는 반신반의하면서도 분명히 그녀의 체험에서 나온 말이므로 믿음을 가지고 성령님께 집중했습니다. 그러자 성령님은 제게 그것이 사실임을 조금씩 경험케 해주셨습니다. 이처럼 "하나님께로 나아가는 것이 숨을 쉬는 것보다 쉽다"라는 믿음의 기초가 바로 앞장에서 언급한 연합의 복음입니다.
　우리는 구원받은 자녀이지만 여전히 죄성을 가지고 있는 연약한 존재들입니다. 그래서 수시로 우리의 자아는 세상을 향합니다. 그것이 바로 우리의 모습입니다. 그리고 이를 그대로 인정하는 것이 숨쉬기보다 쉬운 자아부인을 경험할 수 있는 첫 번째 태도입니다.
　그런 다음에 우리는 끊임없이 세상을 향하는 자아가 예수 그리스도와 함께 죽었다는 사실과 더 나아가서 죽음 연합에 머물지 말고 우리가 주와 함께 새 생명으로 부활 승천하여 보좌에 앉아 있다는 것을 믿어야 합니다. 우리가 바라보는 성령님이 예수님의 죽음, 부활 승천, 그리고 보좌에 함께 앉아 있는 것을 알려주시는 분이라는 것을 잊으면 안 됩니다.

우리 안에 계신 성령님께 향할 때 필요한 것은 예수님과 연합되었다는 것을 믿을 수 있는 어린아이와 같은 믿음입니다. 그러나 내 안에 계신 성령님을 신뢰하지 못하고 세상을 향하고 있는 자신을 발견했을 때 잠시 정죄감을 느낄 수밖에 없는 것 또한 우리의 모습이지요.

정죄감 속에 오래 빠져 있는 것은 불신입니다(롬 8:1). 마귀가 공격할 때 정죄의 느낌을 가져다주는 생각의 뿌리인 자아가 십자가에 못 박혀 있다는 것과 새 생명으로 이미 부활하여 보좌에 앉아 있다는 것을 믿어야 합니다. 내 안에 계신 성령께서 바로 그 연합의 진리를 믿게 하시는 분이시기 때문입니다. 따라서 내 안의 성령을 바라보는 순간 어린아이와 같은 믿음의 소유자라면 즉시 자아가 부인되어지는 것을 믿고 경험하게 됩니다.

세상을 향하던 자아가 십자가에 못 박힌 것을 믿고 우리 안에 계신 성령님을 향하여 의식을 돌이키는 데 걸리는 시간은 순간입니다. 어떤 육체적 노력도 필요 없이 순간적으로 이루어집니다. 물론 성령님께 집중하다가도 외부환경이나 문제를 향하는 끈질

긴 자아가 발견될 것입니다. 그럼에도 성경말씀을 계속 암송하면서 정죄감을 떨쳐버리고 성령께로 돌이키면 됩니다.

세상을 향하다가 우리 안의 성령님을 향하는 훈련을 반복하는 것이 자아부인 훈련의 모습입니다. 그리고 이는 기도 속에서 먼저 이루어져야 합니다. 그렇게 되어야만 삶의 현장에서 돌발 상황들이 벌어질 때도 문제에 대한 내 의식을 돌이켜 주님을 바라보는 것이 쉬워지게 될 것입니다. 이것이 숨쉬기보다 쉬운 자아부인의 영적 기본 원리입니다.

하나님께서는 자유와 기쁨을 가지고 살아갈 수 있는 비밀을 지혜 있는 자에게는 숨기셨고, 오히려 어린아이와 같은 자들에게는 나타내셨습니다(눅 10:21). 그리고 천국은 우리 마음속에 있다고 말씀하셨습니다(눅 17:21). 천국은 아주 가까이 있는 것입니다. 믿기만 하면 됩니다.

수고하고 무거운 짐 진 자들아 다 내게로 오라 내가 너희를 쉬게 하리라 나는 마음이 온유하고 겸손하니 나의 멍에를 메고 내게 배우라 그리하면 너희 마음이 쉼을 얻으리니 이는 내 멍에는 쉽고 내 짐은 가벼움이라 하시니라 마 11:28-30

또 예수님께서는 어린아이같아야 하나님의 나라에 들어갈 수 있다고 하셨습니다(막 10:15). 이처럼 자아부인의 멍에는 가벼운 것입니다.

종종 저는 집회에서 성도들에게 묻곤 합니다.

"하나님의 계명이 무겁게 느껴지십니까? 가볍게 느껴지십니까?"

대부분의 성도들이 당연하다는 듯이 말합니다.

"주님의 계명은 무겁죠. 계명을 지키기가 쉽지 않습니다."

공교롭게도 그들은 신실하게 보이는 성도들입니다.

사도 요한은 요한일서 5장 3절에 이렇게 고백하고 있습니다.

"하나님을 사랑하는 것은 이것이니 우리가 그의 계명들을 지키는 것이라 그의 계명들은 무거운 것이 아니로다."

우리는 이 고백을 그대로 믿어야 합니다. 예수님의 말씀대로 그분께 나아가 쉼을 얻고 가벼운 멍에를 짊어지는 자아부인의 삶을 산 사도 요한, 그는 십자가를 지고 가는 삶을 살면서 예수님의 말씀이 사실임을 알게 되었고, 그것이 솔직한 고백으로 이어질 수 있었습니다.

하나님의 말씀을 진정으로 믿으면, 자기를 부인하는 삶이 숨을 쉬는 것보다 쉽다는 것을 얼마든지 믿고 누릴 수 있습니다. 저는 주님의 말씀을 순수하게 믿습니다. 그 비밀이 감추어진 곳이 십자가이며, 그것을 가르쳐주시고 누리게 하시는 분이 내 안에 계신 성령님이십니다.

우리의 자아는 이미 예수님과 함께 죽었고, 새 생명으로 부활하여 보좌에 앉혀졌습니다. 이제 더 이상 우리가 사는 것이 아니고 우리 안에 그리스도께서 성령으로 사시는 것입니다. 우리 안에 사시는 그리스도이신 성령님을 믿으면, "믿은 대로 되어지는 삶"을 누리게 됩니다. 그리고 계명을 가볍게 누리게 됩니다. 우리가 하는 것이 아닙니다. 내 안의 성령님을 누가 더 잘 바라보느냐가 승리의 관건입니다. 바로 성경암송기도는 숨쉬기보다 쉬운 자아부인을 위해 성령님을 바라보는 최고의 도구인 것입니다.

암송기도의 구체적인 방법들

영이신 말씀은 우리의 혼의 생각을 초월합니다. 하나님은 우리가 이해할 수 있는 차원의 분이 아니십니다. 그래서 말씀에 대한 우리의 첫 번째 태도는 혼에 속한 이성으로 이해하는 것이 아니라, 오히려 이해하고자 하는 혼적 생명을 먼저 부인하는 것입니다. 말씀을 분석하여 이해되는 것만 따르려 하는 사람들은 이해되지 않는 말씀에는 순종하지 않습니다. 그것은 아마도 하나님을 이해하는 만큼만 믿겠다는 것일지도 모릅니다.

성경공부는 우리에게 반드시 필요합니다. 하지만 자아부인의 기도와 성경공부는 별개입니다. 그런 의미에서 한국의 기독교인들이 하는 큐티 속에는 자아부인이라는 기도의 본질이 심각하게 결여되어 있고 성경공부의 개념만 남아 있는 듯합니다. 답을 찾으려는 듯, 공부하듯 하는 큐티는 충분한 기도 시간 이후에나 유익합니다.

보통 큐티를 시작할 때 말씀은 한두 번 소리 내어 읽고 대부분의 시간에는 생각하거나 해석하고, 그에 따른 적용점을 찾습니다. 그런 다음에 큐티가 끝날 때쯤 요절 한두 개를 대충 암송합니다. 그러나 불과 몇 시간만 지나면 잊어버리고 맙니다. 다음 날 또 같은 방식으로 새로운 말씀을 암송하지만 전날과 마찬가지로 잊고 말지요.

소리 내어 읽고 암송하기

복 있는 사람은 말씀을 밤낮으로 암송하며 소리 내는 자입니다. 이때 '소리 내어 읽고 암송하는 것'은 앞서 말한 큐티의 방식이 아닙니다. 큐티 스타일과는 별개의 기도입니다. 즉, 성경을 계속해서 소리 내어 암송하며 연일 누적되는 말씀들을 계속 반복하여 되새김질하고, 내 생각을 끊임없이 지속적으로 십자가에 못 박으며 (자아를 부인하며) 성령님을 바라보는 모습이 주된 묵상의 시간을 차지하는 모습입니다.

엄마의 자궁 속에 있는 아이는 엄마와 온전히 하나입니다. 탯줄을 통해 엄마와 아이가 완전히 한몸으로 연결되어 있지요. 태아는 아직 세상 밖으로 나오지 않았기 때문에 세상에 대한 지식이 전혀 없습니다. 엄마의 이름이나 생김새, 가치관 등 엄마에 대해 전혀 모릅니다.

태어난 아기는 바깥세상을 오감으로 알아가기 시작합니다. 여러 가지 감각기관으로 외부의 세계의 자극들을 인식하게 되며 혼(지, 정, 의)이 성장되지요. 태어난 아이는 오감으로 세상을 인식하며 지식을 쌓아갑니다. 그리고 지식에 의한 감정과 의지를 가지고 어떤 습관들을 형성합니다.

눈만 깜빡이던 아이가 시간이 지나면 고개와 몸을 좌우로 돌릴 수 있게 되고, 그 후에는 앉고 기어다니며 걸음마를 하다가 마침내는 뛰어다닙니다. 아이는 몸과 혼이 성장해가면서 자궁 속에서 온전히 하나였던 엄마와의 관계에서 점점 멀어집니다. 특히 사춘기에 접어들면 관계의 깨어짐은 최고조에 달합니다.

우리는 이 땅에 태어나기 전에 하나님 안에 있었습니다(렘 1:5, 엡 1:4). 그때 우리는 하나님과 완벽하게 하나였습니다. 그러다가 세상에 태어나서 모든 성장과정을 거치고, 세상에 대한 인식을 하면서 습득한 감정과 의지를 가지고 일정한 행동과 습관을 형성하게 됩니다. 자기 인식에 의한 가치관(생각)으로 자기를 주장하는 행동을 하게 되는 것입니다.

우리가 하나님께 돌아가기 위해서는 자신이 주인 노릇했던 삶을 회개하여 자아를 부인하고 복음을 믿어야 합니다. 그렇게 될 때 우리는 영적인 어린아이로 새롭게 태어날 수 있습니다.

갓 태어난 아기는 자연스럽게 엄마의 젖을 빨아먹습니다. 아무런 생각이나 분석이나 요구도 하지 않습니다. 그런데 새 부대가 되어야 하는 자아부인의 아침 기도 시간에 그날 있을 일상이나 중대사에 딱 맞는 말씀을 구하는 태도는 갓난아이가 필요한 영양분만을 요구하며 젖을 빨고자 하는 것과 같습니다. 이것은 지식과 깨달음의 문제이기 이전에 믿음의 부족입니다.

> 그런즉 누구든지 그리스도 안에 있으면 새로운 피조물이라 이전 것은 지나갔으니 보라 새것이 되었도다 고후 5:17

광대하신 하나님을 새롭게 만나기 위해서는 매일 새 피조물로 태어남을 믿어야 합니다. 그래서 새 아침을 맞이할 때마다 과거의 모든 지식과 경험을 다 내려놓아야 합니다. 그리고 갓난아이가 엄마의 젖을 빠는 것처럼 겸손히 성경을 분석하지 않고 소리 내어 암송하며 자아를 계속 내려놓는 기도로 성령님을 바라보아야 합니다.

갓난아기들같이 순전하고 신령한 젖을 사모하라 이는 그로 말
미암아 너희로 구원에 이르도록 자라게 하려 함이라 너희가 주
의 인자하심을 맛보았으면 그리하라 [벧전 2:2,3]

우리의 생각을 어린아이와 같은 백지 상태로 비우기 위해 성경
암송을 하여 이미 우리 안에 채워지신 성령님을 바라보아야 할 것
입니다. 채워지는 의미의 암송이 자아를 비우는 도구라는 것은 매
우 역설적이나 이런 기도의 모습이 영성수련의 최고 방법이라고
할 수 있습니다. 왜냐하면 자아가 비워지는 가운데 말씀이 영, 혼,
육에 저장되기 때문입니다.

말씀을 대할 때 우리가 취해야 할 첫 번째 태도는 우리가 말씀
을 읽는 것이 아니라 말씀이 우리를 읽도록 우리의 자아를 성령님
께 내어드려야 한다는 것이죠. 그러기 위해서는 우선 능동적으로
깨닫고 싶어 하는 자아를 완전히 내려놓아야 합니다.

그래서 무엇보다 우선적으로 해야 하는 것은 성경을 소리 내어
암송하는 것입니다. 암송을 통해 자아를 죽이고 성령님께 집중할
때 우리의 영혼이 가장 효과적으로 수동적인 묵상의 상태가 됩니
다. 이 상태가 오래가면 갈수록 좋습니다. 그럴 때야말로 성령님
으로부터 생수의 강이 부어져서 깊은 영성의 세계로 들어가기 때
문입니다.

생수의 강을 맛본 상태에서 성령께서 회복시켜 주신 지, 정, 의를 가지고 능동적으로 묵상해나갈 때 땅의 차원의 얕은 깨달음이 아닌 하늘로부터 내려오는 신령한 깨달음들을 얻게 됩니다. 수동적 묵상에서 능동적 묵상으로 나아가는 순서를 놓치지 말아야 할 것입니다.

그러나 그러한 신령한 것들이 능동적으로 깨달아지지 않아도 상관없습니다. 성경암송기도를 하면서 수동적 묵상의 태도를 통해 우리의 자아는 십자가로 넘겨져 죽고, 성령과 깊은 연합을 이루는 가운데 성령께서 부으시는 생수를 맛보기 때문입니다.

우리가 분석하지 못해서 이해하지 못할지라도 성경암송을 통해 성령께서 부으시는 그 생수가 바로 우리에게 꼭 필요한 완전하고 신령한 젖인 것입니다.

작은 것부터 실천하기

우리는 처음부터 끝까지 믿음으로 사는 하나님의 자녀들입니다. 온전한 믿음은 우리를 살게 하지만 행함이 없으면 죽은 믿음입니다. 그렇기에 우리는 행하기 위해서 더더욱 온전히 믿어야 합니다. 그런데 그 믿음을 먼저 적용해야 하는 영역은 삶의 현장이 아니라 기도의 영역입니다.

복음에는 하나님의 의가 나타나서 믿음으로 믿음에 이르게 하나니 기록된 바 오직 의인은 믿음으로 말미암아 살리라 함과 같으니라 **롬 1:17**

결국 실천하는 것은 믿음의 문제이며, 그 믿음의 훈련이 기도 속에서 얼마만큼 훈련되어졌는가에 있습니다. 즉, 기도 속에서 계속해서 떠오르는 자아를 부인하며 내 안의 성령님께 집중하는 것이 훈련되어지는 만큼 삶의 현장에서 환경의 어려움이 닥쳤을 때 자아를 쉽게 부인하는 기도의 결과가 나타납니다.

암송기도로서 자아부인의 훈련이 이루어지기 시작했다면 이제 삶의 현장에서 자아부인을 실천해야 합니다. 기도하며 자아부인을 하면서도 실천은 하지 않는다면 믿음은 성장하지 못합니다. 움직여야 합니다. 그럴 때 그 믿음은 삶의 현장의 경험을 통해서 더욱 강해지게 됩니다.

실천의 시작은 내가 할 수 있는 작은 것부터 하는 것입니다. 마태복음의 전체 맥락을 볼 때 25장은 대중에게 하신 예수님의 마지막 설교입니다. 이 설교에는 세 가지 예화가 등장하는데 모두 종말과 관련된 것들입니다. 그런데 종말에 대한 세 가지 예화들의 공통점 중 하나는 "작은 것을 하라"는 것입니다.

열 처녀의 비유에서는 혼인잔치에 작은 기름 한 병으로 인해 슬기로운 처녀들은 들어가고, 미련한 처녀들은 못 들어가게 됩니다. 달란트 비유에서 주인은 종들이 작은 일에 충성한 여부로 판단합니다. 마지막 비유에서 주님은 지극히 작은 자에게 한 것이 주님께 한 것이라고 하셨습니다. 이 세 가지 예화를 통해 우리는 주님의 신부로서 복음 안에서 어떻게 준비해야 하는가에 대해 생각해 보아야 할 것입니다.

목표를 크게 잡지 말아야 합니다. 큰 은혜를 체험했다고 해서 무엇이든 할 수 있을 것 같지만, 얼마 못 가서 꾸준히 하지 못하는 자신을 보며 자괴감과 정죄감에 빠질 수 있습니다. 큰 것부터 하다가 버거워서 실패를 여러 번 하게 되면 "역시 난 안 돼" 하며 포기하게 되고, 방향성을 잃으면서 자포자기하게 됩니다. 그리고 결국엔 그것을 극복하기 위해 더 큰 무거운 율법의 짐, 종교의 짐을 지려고 하는 모습을 보입니다. 이는 복음을 몰라서 생긴 결과물입니다.

주님께서는 작은 일에 충성하라고 말씀하셨습니다. 하나님나라의 삶의 법칙은 '빨리, 많이' 하는 것이 아니라 '꾸준히, 천천히' 하는 것입니다. 내가 할 수 있는 가장 작은 것부터 실천하면 포기하지 않게 됩니다. 그럴 때 끝까지 할 수 있고, 나의 죄 된 옛 습관들이 서서히 바뀌게 되지요. 작은 것에 훈련되면 자아부인의 방향성이 생깁니다.

성령에 의해 말로 선포하기

생각은 말에서 행동으로 이어집니다. 말부터 바뀌어야 삶이 바뀌게 됩니다.

누구든지 스스로 경건하다 생각하며 자기 혀를 재갈 물리지 아니하고 자기 마음을 속이면 이 사람의 경건은 헛것이라 **약 1:26**

말로 선포하는 것은 생각을 실천하는 데 있어서의 첫걸음입니다. 진정한 성령의 사람이 되면 말하는 것부터 변화되기 마련이죠.

사도행전 2장에서 성령이 임하셨을 때, 제자들이 방언을 하기 시작했습니다. 여기서 방언이라는 현상보다 중요한 것이 있습니다. "성령이 말하게 하심을 따라"(행 2:4) 말하기 시작했다는 것이지요. 바로 성령님에 의해서 그들의 말이 달라졌다는 것입니다.

예수님께서는 우리에게 "하나님의 입에서 나오는 모든 말씀으로 살아야 한다"라고 말씀하셨습니다. 그 하나님의 입에서 나오는 말씀을 들려주시고(요 16:13), 우리 안에서 말씀하시는 분은 다름 아닌 성령님이십니다(마 10:20, 눅 12:12, 요 3:34).

성경 지식이 풍부하고 기도를 많이 하는 사람들 중에서도 시시때때로 남을 비판하는 사람들이 있습니다. 그들은 알고 있는 말씀으로 남을 죽이는 비판을 서슴지 않고 합니다. 이들이 아무리 많은 성경 지식을 가지고 깊은 묵상을 한다 할지라도 남을 비방하고 있다면 그것은 율법을 비방하는 것이고, 재판자이신 하나님의 자리에 앉아 있는 것입니다(약 4:11).

성령의 사람은 살리는 말을 합니다. 성경의 저자들은 모두 혀에 재갈을 무는 훈련이 잘된 자들입니다. 그들은 성령을 좇아 생명의 성령의 법에 의해 생각을 내려놓으면서 혀에 재갈을 무는 훈련을 했습니다. 그들은 예수님처럼 "아무것도 스스로 할 수 없다(요 5:19,30)"는 고백과 함께 오직 그리스도의 영광을 바라보며 하나님께서 주시는 말씀만을 전달하려고 했습니다.

그것은 바로 그들이 성령의 말하게 하심을 따라 말하는 훈련이 잘되어 있는 사람임을 증명하는 것입니다. 그들이 혀에 재갈을 무는 훈련이 잘되어 있던 어느 날, 성도들에게 쓴 편지들이 그대로 성경이 되었고, 그것이 우리들에게 하나님의 말씀이라고 불려졌지요. 실로 놀라운 축복입니다.

성경을 소리 내지 않고 눈으로만 읽는 자는 말의 훈련이 덜되었을 수 있습니다. 많은 성경 지식을 가져서 생각이 바뀌어도 말이 달라지지 않았을 가능성이 높습니다. 왜냐하면 혀와 입술의 훈련이 없기 때문입니다. 그러나 성경을 소리 내어 암송하며 자아부인을 통해 성령님을 바라보는 훈련을 많이 한 사람은 말하는 것이 달라졌을 것입니다. 왜냐하면 매일 아침마다 성령님께서 쓰신 성경을 반복 암송하면서 입술과 혀가 훈련되기 때문입니다.

이렇듯 성경을 소리 내어 암송하며 생각을 내려놓는 차원의 성령집중기도는 일거양득의 효과를 가져옵니다. 암송으로 자아의 ·생각을 비워서 성령님을 바라보게 되고, 혀와 입술이 말씀암송으로 훈련되어 말이 바뀌게 되는 것입니다. 자아부인의 암송기도는 육체의 욕심(생각)을 내려놓게 하며, 성령님께 집중해서 예배하면 말이 바뀔 뿐만 아니라 이것을 통해 작은 행동들이 바뀌게 될 것입니다.

생명의 성령의 법으로 살기

사도 바울은 성령님의 감동에 의해 서신서를 썼습니다. 그는 자신의 영 안에서 성령께서 말씀하시는 살아 있는 영의 말씀을 글자로 옮겼습니다. 그가 쓴 서신서의 글자들은 그에게는 여전히 영이신 말씀입니다. 그러나 그의 서신서를 읽는 독자들에게 글자들은 죽어 있는 글씨입니다. 왜냐하면 사도 바울이 그 말씀을 받을 때 임하신 성령님의 감동이 없기 때문입니다. 따라서 바울의 서신서를 읽을 때는 깨달음을 얻으려 하기 전에 바울이 체험한 성령님의 감동을 먼저 사모해야 합니다. 다른 서신서나 복음서나 구약을 읽을 때도 마찬가지입니다.

나사렛 회당에 들어가신 예수님이 성경을 읽으시려고 할 때, 이

사야서를 받은 예수께서는 읽을 곳을 펼치셔서 이렇게 선포하셨습니다.

> 주의 성령이 내게 임하셨으니 이는 가난한 자에게 복음을 전하게 하시려고 내게 기름을 부으시고 나를 보내사 포로 된 자에게 자유를, 눈먼 자에게 다시 보게 함을 전파하며 눌린 자를 자유롭게 하고 주의 은혜의 해를 전파하게 하려 하심이라 하였더라 `눅 4:18,19`

너무도 유명한 말씀입니다. 그런데 이 말씀이 아무리 중요하고 좋은 말씀이라 하더라도 글자 차원에서만 이해하고 자신의 감정으로만 받아들이면 아무 소용이 없습니다. 누가복음 4장 21절의 예수님 말씀처럼 되어야 합니다.

"이 글이 오늘 너희 귀에 응하였느니라."

원어로 직역하면 "이 성경이 오늘 너희가 듣는 중에 성취되었다"는 뜻입니다. 즉, 글자가 중요한 것이 아니라 말씀이신 예수께서 쓰여진 성경말씀을 입술로 선포하셨을 때 이루어졌다는 것입니다. 이는 다시 말해서 우리가 성경말씀을 입술로 선포할 때 성취된다는 것임을 알려주시는 것입니다.

예수님께서는 아무것도 스스로 할 수 없고, 아버지께서 말씀하시는 것만 말씀하셨다고 고백하셨습니다.

내가 아무것도 스스로 할 수 없노라 듣는 대로 심판하노니 나
는 나의 뜻대로 하려 하지 않고 나를 보내신 이의 뜻대로 하려
하므로 내 심판은 의로우니라 요 5:30

내가 내 자의로 말한 것이 아니요 나를 보내신 아버지께서 내
가 말할 것과 이를 것을 친히 명령하여 주셨으니 요 12:49

즉, 예수님께서는 이사야서의 말씀을 당신의 생각으로 인용하
신 것이 아니라 아버지께서 보여주시고 들려주신 그대로 그 말씀
을 읽으신 것입니다. 인간이 되신 그리스도는 성령을 통해 하늘보
좌에 계신 아버지의 음성을 들은 그대로 사람들 앞에서 선포하신
것입니다. 그것이 바로 생명의 성령의 법입니다.

예수님을 본받아 우리도 성경을 대할 때 생명의 성령의 법(말
씀)으로 받아야 합니다. 그러기 위해서는 성경을 암송하며 되새김
질하여 선포함으로써 성령님만을 바라보는 기도의 시간을 충분
히 가져야 합니다.

그러면 말씀을 이해하고 실천해야겠다는 것보다 내 안에 연합
해 계신 그리스도께서 이미 완벽한 자기 부인의 삶을 사셨다는 사

실만으로도 자아를 부인하고자 하는 결단이 생기게 됩니다.

오늘의 하나님을 바라보기

문제에서 벗어나는 것이 구원이 아닙니다. 문제 가운데 하나님이 나와 함께 계심을 믿는 것이 구원을 누리는 것입니다. 왜냐하면 그분이 구원이시기 때문입니다.

예수님의 부활 직후 제자들은 두려운 상황이 여전히 있었음에도 불구하고 예수님의 옆구리와 손을 보기만 한 것으로도 기뻐했습니다(요 20:19,20). 우리 또한 살아가면서 구원을 체험하고 싶어 합니다. 만약 기도를 하면서 하나님이 내 안에 계셔서 영원토록 함께하심을 확인할 수 있다면 그것만으로도 완벽한 응답을 받은 것입니다.

우리는 살면서 여러 문제와 마주치곤 합니다. 그러나 혼자서는 그 문제에서 벗어날 수 없습니다. 아침 기도 시간에 말씀을 암송하여 선포하고 하나님의 나라가 임했다고 믿고 하루를 시작하지만 일과 중 좋지 않은 일도 일어나고 내 뜻대로 일들이 진행되지 않는 상황도 맞게 됩니다. 그때 자기의 생각과 뜻을 내려놓고 내 안에 계시는 주님을 바라보는 기도로 훈련이 잘된 사람은 어려운 상황에서도 자기의 생각에 빠져서 염려나 근심이나 걱정을 하지 않습니다. 나쁜 감정에 오래 빠져 있지 않지요.

하나님을 사랑하는 자 곧 그의 뜻대로 부르심을 입은 자들에게
는 모든 것이 합력하여 선을 이루게 됩니다(롬 8:28). 그래서 어떤
좋지 않은 일을 경험할지라도 항상 기뻐할 수 있고 범사에 감사할
수 있는 것입니다. 이미 구원자가 내 안에 계시므로 가장 귀한 선
물을 이미 받은 자이니 좋지 않은 일이 생겼다 하더라도 우리는
하나님나라의 평강을 빼앗기지 않을 수 있는 것입니다.

하나님의 나라는 먹는 것과 마시는 것이 아니요 오직 성령 안
에 있는 의와 평강과 희락이라 　롬 14:17

아침에 기도를 하며 하나님나라가 임하도록 말씀을 선포했다
면 어떤 상황 속에서도 하나님나라의 삶의 본질인 의와 평강과 희
락을 빼앗기지 않습니다.

부활하신 예수님께서 제자들에게 나타나셔서 처음으로 강조하
신 말씀이 바로 '평강'이었습니다. 그러나 사실상 많은 그리스도
인들이 이를 제대로 누리지 못하고 삽니다.

예수님은 부활 생명을 누려야 할 그리스도인들에게 그 평강이
얼마나 중요한 것인지 두 번이나 말씀하셨습니다(요 20:19,21). 평
강은 부활 생명으로 하나님나라에 들어온 자들의 첫 번째 삶의 특
징이라는 것을 예수님께서 강조하셨습니다.

어제보다 오늘 더 하나님께 새롭게 집중해야 합니다. 우리는 이미 죽었고 우리 안에 성령님께서 사십니다. 진리에 대한 깨달음보다 중요한 것은 나를 모든 문제로부터 자유케 하시는 그 진리의 영이 내 안에 계심을 믿는 것입니다.

하나님은 아브라함에게 이삭을 주겠다는 약속을 지키셨지만 이삭을 다시 바치라고 하셨지요. 이에 아브라함은 하나님의 말씀에 순종해서 이삭을 죽이려고 했습니다. 이를 볼 때 아브라함은 어린아이같은 믿음을 지녔다고 볼 수 있습니다. 그것이 그가 믿음의 조상이라고 칭찬 받은 이유이기도 합니다.

아브라함은 이전의 약속에 머물러 있지 않았습니다. 그는 약속이 아니라 약속을 주신 하나님을 바라보았습니다. 오늘의 새로운 하나님을 바라보는 집중력이 그에게 있었지요. 만약 그가 옛 약속에만 머물러 있었다면 그의 삶이 아버지(아브라함)와 아들 예수 그리스도(이삭)를 예표하는 관계로 우리에게 전해지지 않았을 것입니다.

우리도 어제의 하나님에 머물러 있으면 안 됩니다. 하나님은 광대하십니다. 그래서 하나님을 매일 새롭게 만나야 합니다. 그러기 위해서는 날마다 새 부대로 하나님께 나아가야 합니다. 말씀을 소리 내어 암송하며, 어제의 약속에만 머물고자 하는 나의 자아를 다시 내려놓고, 성령님을 바라보아야 합니다.

암송으로 하나님 마음 공감하기

저는 2013년 5월 1일부터 21일까지 총 21일 동안 조국을 위해 암송금식기도를 하면서 암송기도에 대한 새로운 깨달음을 얻었습니다. 조국을 위한 금식기도에는 제 개인 기도제목도 있었습니다. 첫째는 저를 포함한 가족의 성령충만이었습니다. 두 번째는 "이웃을 더 잘 섬기게 하소서"였습니다.

우리는 다른 이웃보다 가족들을 먼저 더 잘 섬겨야 합니다. 하지만 가족들을 잘 섬기기는 정말 어렵습니다. 가족들이 이해가 가지 않는 말을 할 때 우리는 그 마음을 먼저 공감해주기보다는 원론적인 해결책을 제시하거나 책망을 하는 경우가 많습니다. 가족들에게는 예의를 갖추거나 경계심을 갖거나 긴장을 하지 않는 습관이 배어 있기 때문에 다른 사람들을 대할 때보다 성숙치 못한 자아가 쉽게 드러나는 경향이 많다는 것이지요.

예를 들어 가족 중 누군가가 잘 이해되지 않는 말을 했을 때 우리는 쉽게 이런 표현들을 합니다.

"아휴, 어떻게 그렇게 말할 수 있지? 정말 이해가 안 가."

하지만 이런 경우에 이해가 잘 안 되더라도 먼저 그가 한 말을 그대로 반복하여 말해주는 게 좋습니다. 그것이 바로 가장 기초적이며 효과적인 공감기법입니다.

이러한 방법은 암송기도의 상황에도 적용이 됩니다. 성경을 보면서도 이해되지 않은 말씀들도 많고, 말씀 속에 나타난 하나님이 이해되지 않을 때도 많습니다. 그러나 우리는 우선적으로 하나님께서 우리에게 하신 그 말씀을 소리 내어 암송으로 반복해드려야 할 것입니다. 그것은 하나님의 마음을 공감해드리는 일이기 때문이지요. 이렇게 할 때 우리의 공감적 태도를 받으신 하나님께서는 당신의 마음인 성령을 한량없이 부어주실 것입니다.

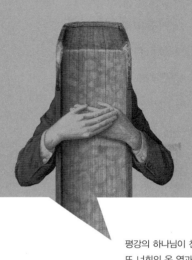

평강의 하나님이 친히 너희를 온전히 거룩하게 하시고
또 너희의 온 영과 혼과 몸이
우리 주 예수 그리스도께서 강림하실 때에
흠 없게 보전되기를 원하노라

데살로니가전서 5장 23절

말씀에 온전히 집중하여
변화된 삶

"

암송하다가 다음 부분이 생각나지 않을 때
불안해하지 않아도 됩니다.
잘 잊어버려도 괜찮습니다.
암송을 하는 이유는 오로지 내 생각을 비우며
내 안에 계신 주님을 바라보는 데 목적이 있으니
잊어버린 그 순간도 복된 순간입니다.

"

성경암송기도 훈련

암송의 실재

하나님은 이해의 대상이 아니고, 믿음의 대상이며 예배의 대상입니다. 지식으로 먼저 알아가는 것이 아니고 먼저 믿음 안에서 기도와 예배로 하나님을 만나야 합니다. 그런 면에서 암송은 하나님을 경배하고 사랑하는 놀라운 도구입니다. 물론 암송을 하면 자연스레 성경 지식이 쌓입니다. 하지만 암송이 지식을 위한 것이 아니라 기도를 위한 것임을 명심해야 합니다.

　우리가 매일 새 부대가 되어야만 새 포도주를 마실 수 있습니다. 특히 하나님을 많이 안다고 하는 사람들일수록 어제의 옛 부대를 가지고 새 포도주를 마시려는 경향이 있는 게 사실입니다.

옛 부대를 버리고 암송을 함으로써 어린아이처럼 성령님을 바라보며 새 포도주(새 젖)를 사모해야 합니다.

어린아이와 같은 심성으로 만들기 위해서는 매우 단순한 방법으로 암송해야 합니다. 지금부터 쉽고 간단한 암송 방법에 대해 알아보도록 하겠습니다.

암송 방법 1. 문장 끊어 암송하기

한 문장을 의미 단위별로 끊어서 각 부분을 아주 여러 번 반복하는 것입니다. 이것이 누구나 암송을 쉽게 하는 비결입니다.

① 내가 아버지께 구하겠으니 ② 그가 또 다른 보혜사를 너희에게 주사 ③ 영원토록 너희와 함께 있게 하리니　요 14:16

짧은 의미 단위인 ①번을 여러 번 반복해서 암송합니다. 반복이 충분히 끝나면 ②번으로 넘어갑니다. ③번도 마찬가지로 반복하다가 한 구절 전체를 이어서 암송합니다. ①,②,③이 연결되면서 쉽게 암송됩니다.

한 구절이 끝나면 그 다음 구절도 같은 방식으로 암송합니다. 그리고 두 번째 구절이 끝났을 때 첫 번째 구절과 두 번째 구절을 이어서 반복 암송합니다. 예를 들어 요한복음 14장 16절과 17절을 각각 암송 후에 16,17절을 이어서 반복 암송하는 것이지요. 세 번째 구절도 처음과 같은 요령으로 합니다. 그리고 또다시 첫 번째, 두 번째 그리고 세 번째 구절 전체(1-3절)를 이어서 반복하며 성령님을 바라보는 것입니다.

이렇게 앞의 세 구절(1,2,3)이 끝나면 다음 세 구절(4,5,6)을 같은 요령으로 합니다. 이때 지나간 앞의 세 구절(1-3절)을 잊을까 봐 다시 볼 필요는 없습니다. 어차피 지나가게 되면 살짝 잊는 게 당연합니다. 두 번째의 세 구절(4-6절)에 집중해서 앞과 같은 방식으로 암송합니다.

그런 다음 세 번째의 세 구절(7-9절)도 같은 방식으로 합니다. 마찬가지로 앞의 여섯 구절들(1-6절)로 돌아가면 안 됩니다. 세 번째 세 구절의 암송이 끝날 때 전체(1-9절)를 다시 되새기며 암송하면 됩니다. 앞의 구절들을 잊었을지라도 전에 암송했던 습관이 남아 있기 때문에 금방 다시 암송하게 될 것입니다.

이렇게 아홉 구절이 끝나면 다음 아홉 구절도 같은 방식으로 하고, 그런 후 전체(1-18절)를 이어가며 약간씩 잊은 구절들을 충분히 회복시키면서 틀리지 않고 익숙해질 때까지 반복합니다. 이런 방법으로 한 장이 암송되었을 때, 그 장 전체를 많이 반복하면 좋습니다.

여기서 한 가지 유의할 점이 있습니다. 조사 같은 것들(은, 는,

이, 가, 을, 를, 에게 등등)까지 안 틀리게 암송해야 합니다. 토씨가 희미해지면 복습이 어려워지고, 암송이 싫어져서 쉽게 포기하게 됩니다.

한 장이 끝나면 다음 장도 같은 요령으로 암송합니다. 마찬가지로 이전에 외운 장을 잊어버릴까 염려하지 않아도 됩니다. 새로운 장에 집중하다가 적당한 시기에 앞의 장을 반복하며 복습을 하면 다시 회복될 것입니다. 그리고 새로운 장이 완성되면 앞의 장과 뒤의 장을 이어서 암송합니다.

첫 구절 중 짧은 의미의 단위를 반복 암송하는 것에 대해 더 구체적으로 제시하면서 자아부인과 성령 집중의 원리(기도의 원리)를 말씀드리겠습니다. 앞에서 제시한 요한복음 14장 16절로 예를 들겠습니다.

① 내가 아버지께 구하겠으니 ② 그가 또 다른 보혜사를 너희에게 주사 ③ 영원토록 너희와 함께 있게 하리니

①,②,③을 많이 반복할수록 좋습니다. 유의해야 할 점은 내 안의 성령님을 의식하고 예배하는 마음가짐을 가져야 하는 것입니다. 수시로 점검해야 할 것은 성령님을 바라보는 것 외에 어떤 다른 생각도 용납해서는 안 됩니다. 만약 다른 생각이 날 경우, 그

즉시 성령님을 바라보아야 합니다. 암송은 성령님을 바라보기 위해 나를 비우는 것이기 때문입니다.

반복하며 암송할 때 유의할 점을 살펴보겠습니다.

첫째, 반복해서 암송하는 구절을 내 신학적 지식과 경험으로 이해하려고 하지는 않았는지 생각해봐야 합니다. 우리는 우리의 지식으로 이해해서 믿으려는 자아 본성이 있습니다. 때문에 이런 태도를 발견하는 즉시 내려놓으며 진리의 성령님께 계속 집중해야 합니다. 이미 완벽한 진리이신 성령님이 우리 안에 계신다는 것을 믿으십시오. 자아를 끊임없이 부인하며 성령님께 집중하는 것이 암송기도의 핵심입니다.

둘째, 짧은 몇 단어를 반복할 때 생각의 흐름을 봐야 합니다. 이럴 경우 여러 가지 생각이 방해하는 것을 발견할 것이며, 우리의 자아가 얼마나 강한지 점검하게 될 것입니다. 그날 처리할 중요한 일, 과거의 상처, 현재 자신에게 닥친 문제 등에 대한 생각이 날 수도 있습니다. 그때 짧은 몇 단어를 반복 암송하면서 계속해서 떠오르는 모든 생각을 털어내고 단순히 내 안의 성령님께만 집중해야 합니다.

셋째, 반드시 복음을 적용해야 합니다. 우리의 자아는 이미 예수님과 함께 죽었고(갈 2:20), 살아서 보좌에 앉아 있습니다(엡

2:5,6). 그것을 깨닫게 하시려고 성령님이 내 안에 들어오셨습니다. 떠오르는 모든 생각의 뿌리인 자아가 십자가에 죽었음을 믿고 나아가야 합니다. 기도 속에서 끊임없이 자기를 부인하는 연습을 하면서(십자가의 죽음을 경험하면서) 성령님만을 바라보는 것이죠. 그것이 연습되면 삶의 현장에서의 자아부인이 쉽습니다. 말씀암송은 자아부인과 성령 바라보기의 도구입니다. 성령님을 바라보는 예배의 가장 좋은 도구는 음악이 아니라 말씀 그 자체입니다. 음악은 감성을 터치하지만 말씀은 영을 터치하기 때문입니다.

어린아이같이 내 안의 성령님을 바라보며 사랑하고 경배해야 합니다. 그것이 바로 다윗이 장막에서 오직 구했던 한 가지 일, 여호와의 아름다움만을 앙망하는 예배의 모습입니다(시 27:4).

암송기도는 머리가 아닌 몸(입술과 혀)으로 하는 것입니다. 입술과 혀의 운동이라고 생각하면 됩니다. 암송을 반복하면 할수록 말씀이 육과 영에 새겨지고, 영의 사람, 의지력이 강한 사람이 됩니다. 암송은 결국 의지력의 문제입니다. 영의 말씀을 암송해야 한다는 걸 알면서도 귀찮은 마음이 들고, 입술과 혀로 소리를 내야 함에도 생각으로만 외우려 합니다. 그렇게 매순간 우리는 자아와 싸웁니다.

마치 운동을 하는 사람들이 '오늘 하루만 쉬고 싶다'라고 생각하는 것과 비슷한 일이지요. 저는 이것을 자아의 움직임이라고 봅니다. 그리고 바로 이때 자아를 부인하며 성령님께 의지해서 마치 운동하듯이 다시 입술과 혀로 소리 내어 암송하고, 생각을 내려놓으며 성령님을 바라보아야 합니다.

의지력은 생각(이성)으로 증명되는 것이 아니라 몸으로 증명되는 것입니다. 짧은 단위를 반복해서 암송하다 보면 말씀이 머리에 외워지는 것이 아니라 입술과 혀에 기억됩니다. 습관으로 굳어지는 것입니다. 즉, 영의 말씀이 흔적인 생각을 지나쳐서 육체에 박히게 됩니다.

많은 성도들이 말씀에 대한 지식은 많은데 영이신 말씀을 몸으로는 실천하지 못합니다. 그 이유 중 하나는 상위적 존재인 영이신 말씀을 하위적 존재인 흔적인 머리(이성)로 자꾸 이해하려 하기 때문입니다. 그래서 어떤 좋지 않은 상황이 벌어졌거나 중대한 선택을 해야 할 경우에 하나님의 뜻이 아닌 자신의 판단으로 결정하지요. 하나님이 원하시는 방향이 무엇인지 머리로는 알고 있으나 몸으로 순종하지 않는 것입니다. 결코 이성적 깨달음으로 하나님을 알아가는 것을 무시하는 게 아닙니다. 단지 우리의 이성이 육적인 성향이 강하기 때문에 문제가 되는 것이죠.

육적 이성(육체의 소욕)은 성령의 소욕을 거스릅니다. 그러므로 암송기도를 하며 우리의 이성을 영적 이성으로 바꾸어 나가야 합니다. 반복적인 암송으로 영의 말씀이 입술과 혀에 습관을 들여서 생각의 판단보다 몸의 순종이 빨라지게 만드는 것입니다.

주님은 작은 일에 충성하라고 하셨습니다. 그러기 위해서는 우선 기도를 하면서 몸의 작은 부분인 혀와 입술로 암송을 반복하며 자아를 내려놓는 연습을 해야 합니다. 그럴 때 삶에서 더 큰 몸의 움직임(순종)으로 나아가게 되고, 마침내 날카로운 영적 이성으로 말씀 속의 깊은 신비를 캘 수 있을 것입니다.

암송 방법 2. 복습하기

말씀을 아무리 외워도 금방 잊어버린다고 고민하는 사람들이 많습니다. 이는 암기력이 아니라 반복의 문제입니다. 저는 21일간의 암송금식기도를 할 때 이를 여실히 느꼈습니다.

마가복음 13장까지는 이미 암송이 되어 있는 상태라 14장부터 새로 시작하면 되었지요. 우선 13장을 복습한 후 14장 1절부터 16절을 암송하기 시작했습니다. 그리고 다음 날 새로운 부분을 암송할 때 13장과 14장 16절까지를 먼저 암송하고 다시 새로운 부분을 암송했습니다.

다음 날 14장 17절부터 31절까지 암송할 때도 13장과 14장 앞부분을 먼저 복습 암송하고 새로운 부분을 시도했습니다. 그런 방법으로 14장의 새로운 부분의 암송을 시도할 때마다 이전에 외웠던 부분을 계속 반복 암송했습니다. 그리고 15장을 암송할 때 이전

두 장을 먼저 암송했고, 16장으로 넘어가서 새로운 구절들을 차례로 암송할 때도 이전 세 장을 복습 암송했습니다. 그러다보니 어느덧 13,14장은 거침없이 암송되었습니다. 이것이 바로 반복의 효과입니다. 이럴 때 나타나는 현상은 앞부분의 복습 횟수가 점점 더 많아지므로 새로 암송하는 부분보다 암송이 훨씬 잘된다는 것입니다.

"왜 그렇게 집요하게 다시 복습하는가?"

누군가는 의아해할지도 모릅니다. 그러나 반복하는 목적은 말씀을 잊어버리지 않기 위함이나 암송 그 자체가 아니라 내 안에 계신 성령님을 바라보기 위해 내 생각을 비우는 차원이므로 아무리 반복해도 지나치지 않습니다. 물론 약간 지겨울 수 있는데, 이는 자아가 드러나는 것입니다.

처음으로 16장까지 암송을 끝낸 다음 날, 저는 13장부터 15장까지는 그동안 많이 반복했으므로 16장만 복습하고 전에 외웠던 12장으로 넘어갔습니다. 12장은 10개월 전에 외웠던 부분이라서 복습을 해야겠다고 마음먹었으면서도 생소하게 느껴질 것이라 예상했습니다. 그런데 놀랍게도 마가복음 12장 첫 단락인 1절부터 12절까지 암송을 되살리는 데는 약 7분 정도 걸릴 뿐이었습니다.

중요한 포인트가 바로 여기에 있습니다. 암송을 한 지 아무리 오래 되었어도 한번 외웠던 말씀은 생각보다 기억이 잘 난다는 것입니다. 결과적으로 복습이 중요하다는 얘기지요.

잊어버리는 것이 지극히 정상입니다. 처음 외울 때 짧은 의미 단위를 끊어서 몇 번씩 반복하는 것과 이미 암송이 완성된 것을 주기적으로 복습을 하는가에 대한 문제인 것입니다. 결코 암기력의 문제가 아니지요. 암송하다가 다음 부분이 생각나지 않을 때 불안해하지 않아도 됩니다. 잘 잊어버려도 괜찮습니다. 암송을 하는 이유는 오로지 내 생각을 비우며 내 안에 계신 주님을 바라보는 데 목적이 있으니, 잊어버린 그 순간도 복된 순간입니다.

단지 멈추었을 때 내 안의 성령님을 의식하며 의지적으로 평안을 취하는 것이 중요합니다. 빨리, 많이 암송하려고 하는 욕심(자아)을 부인해야 합니다. 천천히 암송해도 좋으니 반복하고 또 반복하며, 생각(자아)을 비우고, 성령님만을 바라보며 예배해야 합니다. 그럴 때 모든 것을 성령님께서 책임져주십니다.

한번은 어느 소그룹 모임에서 암송기도를 가르친 적이 있습니다. 열 명 남짓 되는 분들이 모였는데, 그들에게 암송 원리에 대해 가르치고 20분 동안 실습을 하게 했지요. 대부분의 참석자들이 처음에는 암송이 안 된다고 고백했으나 쉬운 암송 방법을 가지고 암송을 하자 이구동성으로 얘기했습니다.

"이렇게 하니까 암송이 참 쉽게 돼요!"

그들은 쉽게 암송하는 방법을 가르쳐주지 않았기에 그동안 암송을 못했고, 몇 번 시도하다가도 포기했다고 했습니다. 그때 반복의 원리를 분명히 설명했는데도 불구하고 어떤 분이 제게 질문을 했습니다.

"자꾸 까먹어요. 어떻게 하면 될까요?"

저는 다시 "복습!"이라고 한마디를 던졌지요. 그리고 덧붙여 말했습니다.

"암송이 잘 안 되고 자꾸 잊어버리는 것은 머리가 나빠서가 아닙니다. 반복이 부족한 것입니다. 자꾸 까먹으면 다시 반복해서 이겨내면 되는 것입니다. 10번 반복해서 안 되면 20번, 그래도 안 되면 30번, 40번, 50번도 하는 것이죠. 단순한 의지력이 문제입니다."

그리고 나서 20분 동안 실습하며 느낀 것을 한 사람씩 구체적으로 나누도록 했습니다. 그곳에 있는 사람들 모두가 성령님께 집중하려는데 잡다한 여러 생각들이 자꾸 치고 들어온다고 했습니다. 자신의 생각이 그토록 잡다한 생각들로 분주한 것을 발견해서 놀랐다는 분도 있었습니다.

그리고 대부분이 동일하게 성령님께 단순히 집중하는 것이 쉽지 않다고 고백했습니다. 그러나 곧 그들은 생각을 즉시 내려놓고 성령님을 바라보면서 암송기도로 자아를 부인하는 것이 어떤 것인지 알 것 같다고 고백했습니다.

암송 방법 3. 유형별 암송법

성경암송에는 세 가지 유형이 있습니다. 이 방법들을 통해서 암송한다면 좀 더 쉽게 암송할 수 있게 될 것입니다.

첫째, 주제별로 암송하는 것입니다. 유명 선교 단체에서 만든 주제별 암송 카드를 활용하면 좋습니다. 그리고 본인이 직접 주제별로 카드를 작성해도 됩니다. 예를 들어 '사랑'이라는 주제를 정했다면 성경을 통독해가면서 이 주제에 해당하는 구절들을 성경책에 형광펜으로 표시하고 암송 카드에 옮겨 적는 것입니다.

저 또한 성령님과 더 깊은 교제를 갈망하던 중에 신약성경 속에 성령님의 이름이 들어 있는 구절들을 뽑아서 암송하게 되었고, 성령님과 더욱 친밀한 관계로 들어가는 체험을 했습니다.

둘째, 신앙서적의 주제 말씀을 뽑아 암송하는 법입니다. 감명 깊게 읽은 신앙서적에서 저자가 강조하는 주제 말씀들을 뽑아서 카드에 옮겨 적고 암송을 합니다. 그럴 때 그 책에서 저자가 말하고자 하는 바를 자신의 것으로 만들 수 있게 됩니다.

저는 1997년에 《십자가의 도》(제시 팬 루이스 저)를 읽고 인생의 전환점을 맞이했습니다. 그래서 이 책을 열 번 이상 반복해서 읽으면서 인용된 성경구절들을 뽑아 암송을 했습니다. 그 결과 책의 주제와 내용을 머리와 가슴에 담을 수 있었고, 그것이 제 삶에 큰 영향을 미치게 되었습니다.

셋째, 성경 66권 중 권별로 뽑아서 암송하는 유형입니다. 권별로 암송하는 유익은 정말 큽니다. 권별로 암송하면 그 책의 저자가 책을 쓰게 된 의도를 지식의 차원보다 더 깊은 하나님의 지혜의 차원에서 알게 됩니다. 그리고 책의 전체 내용이 한 편의 장편 영화처럼 아주 흥미롭게 각인됩니다. 그래서 그 책의 내용을 즐겁게 보았던 영화처럼 언제 어디서든지 추억하며 묵상할 수 있습니다. 무엇보다 책의 주제가 영과 혼과 육에 새겨지면서 주제처럼 살아가게 하시는 성령님을 깊이 만나게 됩니다.

권별 암송을 할 때에 참고해야 할 점이 있습니다. 우선 적은 분량의 책부터 도전하는 것이 좋습니다. 각 장에는 소주제를 가지고 있는 여러 개의 문단들이 모여 있는데, 대개 각 문단에는 하나의 사건 또는 하나의 주제를 다루고 있기 때문에 여러 문단들을 순서대로 암송하는 것이 쉽지 않습니다. 따라서 각각의 문단을 체크해 놓고 구분하는 게 좋습니다.

그리고 한 문단과 그 다음 이어지는 문단이 어떤 사건과 내용이었는지 문단별로 소주제들을 암기하는 것이 좋습니다. 예를 들어 보겠습니다. 마가복음 10장은 7개의 문단으로 나누어져 있는데, 각 문단의 소주제를 순서적으로 나열해보면 이혼 논쟁, 어린아이들을 축복하심, 부자 청년의 선택, 영생을 위한 헌신, 고난 예고, 야고보와 요한의 요청, 소경 바디매오 순입니다. 이와 같이 소주제를 순서대로 파악하고 있으면 그 장 전체의 흐름을 한눈에 알 수 있어서 훨씬 쉽게 암송할 수 있습니다.

자신의 마음 상태를 살펴라

저는 21일 금식과 함께 암송기도를 하면서 "주인님, 밥 좀 주세요" 하는 육체의 강렬한 요구를 들을 수 있었습니다. 그러나 저는 오히려 암송기도를 하며 성령께 더 간절하게 영적인 밥만을 구했습니다.

그러던 어느 날, 육체의 허기짐은 참을 만했으나 역류하는 위산 때문에 배가 아프고 쓰려서 참기 힘들었습니다. 그 상황에서 제가 할 수 있는 일은 "주여!" 하고 외치는 일뿐이었습니다. 그렇게 주님을 찾을 때 텅 빈 자아가 점점 더 비워지는 것을 체험했고, 육체의 고통이 심한 만큼 맑은 머리로 암송이 쉽게 되는 것을 느꼈습니다. 두세 줄의 구절들을 한두 번 반복하면 암송이 되었죠. 그 순간, 저는 암송이 잘되지 않는다고 하소연하는 사람들이 생각났습니다.

어느 집회 때의 일입니다. 시편 1편 2절의 '묵상'이란 단어가 원래 '하가'임을 가르치며 암송기도의 원리와 함께 암송 방법을 강의했죠. 그리고 의미 단위를 짧게 끊어서 반복하면 누구나 암송할 수 있다고 말하면서 실습을 시켰습니다.

"암송의 문제는 암기력의 문제가 아닙니다. 요령의 문제, 즉 의미 단위를 짧게 끊는 요령과 반복의 문제입니다. 암송을 못하는 편이라고 생각하신 분들이 있다면 그 생각이 다 치료된 줄 믿습니다."

제 말에 많은 사람들이 "아멘!"이라고 소리쳤습니다. 그런데 한 집사님이 "전 못해요"라고 했습니다. 저는 그 분께 '내가'라는 두 글자를 세 번 반복해보라고 말했고, 집사님도 따라했습니다. 그런 다음 "이제 되죠?" 하고 되물었는데, 여전히 "전 못해요"란 대답을 들어야 했습니다. 저는 집사님의 눈을 쳐다보았고, 성령님께서 주시는 조명 가운데 그녀가 큰 상처로 인해 심령이 패배감으로 가득 차 있음을 분별할 수 있었습니다.

암송하며 성령께 집중하는 가운데 자신의 마음을 살피며 점검해야 합니다. 무엇이 암송을 못하게 막고, 성령께 집중하는 것을 방해하는지 살펴야 합니다. 그러면 암송기도를 하며 자신의 생각의 주된 흐름을 파악하게 되고, 성령께서 역사하시는 치유를 경험하리라 확신합니다.

말씀에 따른 방언기도

방언기도는 참으로 유익합니다. 단, 말씀에 기초를 두어야 합니다. 성령님이 쓰신 것이 성경입니다. 그래서 성경은 캐논(canon, 정경, 규범, 원칙, 표준, 기준, 근본 원리)이라 했습니다. 그렇기에 말씀암송기도를 기초에 두면서 방언기도를 병행하면 더 깊게 방언기도를 할 수 있을 것입니다.

> 방언을 말하는 자는 사람에게 하지 아니하고 하나님께 하나니
> 이는 알아듣는 자가 없고 영으로 비밀을 말함이라 `고전 14:2`

방언기도는 알아듣는 자가 없다고 하셨습니다. 이처럼 우리의 생각으로 알아듣지 못하는 방언이 왜 성령께서 주시는 좋은 선물 중 하나일까요. 방언은 영의 언어입니다. 따라서 우리 생각이 알아챌 수 없는 것은 당연한 일입니다. 그래서 알아듣지 못하는 영의 언어인 방언도 우리의 생각을 내려놓게 하는 좋은 은사라는 것입니다. 단순히 말씀암송으로 생각을 비우며 성령님을 바라보는 것과 같은 이치죠.

그런데 어떤 사람들은 방언에 대하여 잘못 가르치는 경우가 있습니다. 한 성도가 어떤 주의 종에게 묻습니다.

"방언은 알아듣지 못해서 답답해요."

그 말을 들은 주의 종이 대답합니다.

"당신이 생각하고 있는 문젯거리에 집중하면서 방언을 하세요. 그러면 응답될 것입니다."

이런 조언의 영향을 받아 어떤 문제를 생각하면서 인상을 찌푸리거나 울면서 방언기도를 시작하는 사람들이 많습니다. 그래서 기도를 시작하면서부터 울며 방언을 하고, 그러다보면 성령의 탄식으로 착각할 수도 있습니다. 물론 성령의 탄식일 수도 있습니다. 그러나 스스로 문제에 대한 슬픔을 표현하는 것일 수도 있습니다. 성령의 탄식은 아주 깊게 방언으로 성령님을 찬양하고 예배할 때 어느 순간에 영의 비밀이 풀리면서 나도 모르게 터져 나오는 신비의 영역입니다.

알아듣지 못하는 방언이 우리에게 주어진 이유는 문제에 집중하는 우리의 생각을 비우며, 자아를 내려놓고, 그 안에 계신 성령님을 예배하며 바라보라는 것입니다. 이것이 바로 방언을 통해 그 문제를 성령께 맡기는 비결입니다. 방언은 영의 언어이므로 성령님만을 바라보는 좋은 선물입니다. 이 부분에 대한 구절이 있습니다.

베드로와 함께 온 할례 받은 신자들이 이방인들에게도 성령 부어 주심으로 말미암아 놀라니 이는 방언을 말하며 하나님 높임을 들음이러라 행 10:45,46

방언은 알아들을 수 없어도 하나님을 높이는 언어입니다. 그렇다면 생각해보십시오. 방언을 하며 하나님을 높이고 동시에 문젯

147

거리를 생각하며 방언을 시작하자마자 인상을 찌푸리고 울면서 "하나님, 이 문제를 좀 어떻게 해주세요" 하는 태도는 하나님을 높이는 상태가 아닌 것이지요. 저는 하나님께서 우리가 문제를 호소하는 것을 싫어하시는 분이라고 말하는 것이 아닙니다. 마치 방언을 문제 해결을 위한 도구로 사용하는 것이 난센스(nonsense)라는 것을 말하는 것입니다.

이는 실제 과학적 연구 결과로도 알 수 있습니다. 문젯거리를 생각하면서 방언을 할 경우에는 뇌파검사에서 '걱정 파장'이라고 할 수 있는 베타파와 감마파가 상승했고, '평강 파장'이라고 할 수 있는 알파파가 거의 제로 상태였다고 합니다. 반대로 문제를 생각하지 않고 방언을 하며 성령님을 찬양하듯이 성령님께만 집중했을 때 알파파가 상승하고, 베타파와 감마파가 거의 제로였다고 합니다. 과학적 실험이 성경이 사실임을 입증해준 것이죠.

성령님을 바라보며 예배하기

말씀암송기도와 성경읽기는 다른 분야입니다. 물론 성경읽기도 자신의 옛 부대 차원의 지식으로 무슨 은혜나 깨달음을 취하려는 것이 아닌 단지 나의 생각을 비우며 자아를 내려놓으며 성령님을 바라보는 예배 차원이라면, 말씀암송과 성경읽기는 성령님을 바라보는 기도의 도구로써 같다고 말할 수 있습니다.

그러나 말씀을 읽으면서 나, 가정, 이웃, 국가, 열방을 향한 어떤 적용점을 찾고, 그것을 가지고 기도하는 것은 말씀에 입각한 힘 있는 기도임에는 틀림없지만 암송기도와는 조금 다릅니다. 말씀을 가지고 적용점을 찾으며 기도하는 것은 암송기도를 한 후에 해야 할 기도입니다.

어느 날 저는 말씀 속에서 뭔가 깨달았다고 생각했을 때, 그것이 제 과거의 신학적 지식과 경험 차원에서 확인한 지식에 불과한, 새것이 아님을 알고 소스라치게 놀랐습니다. 그래서 과거의 지식과 경험들을 내려놓고 새 부대가 되기 위해 성령님께만 집중하는 기도를 했습니다. 그렇게 9년간 지속하던 어느 날, 말씀암송으로 모든 생각을 비우며 성령님만을 바라보는데 놀라운 새로운 기름부으심을 체험하게 되었습니다.

선악과가 지식의 나무라는 것을 생각해보십시오. 하와가 열매를 먹었던 것은 자기 생각, 즉 자기 지식에서 나온 행동입니다. 우리의 행동은 생각의 결과입니다. 하와도 자기 지식으로 하나님을 이해하려 했던 것이지요.

암송이 또 다른 지식을 채우거나 암송하는 말씀에 대한 깨달음을 얻기 위한 것이 아니라, 단순히 그 생명의 말씀으로 성령님을 바라보며 예배하는 목적으로 해야 합니다. 그렇게 될 때 성령께서는 우리에게 기름을 부으셔서 그 말씀 하나하나가 나의 옛 지식에 의한 해석이 아닌 새로운 영적 통찰력을 주시고 새로운 은혜를 체험하게 하십니다.

성호 외치며 기도하기

정말 감사한 것은 암송하는 동안 성경 지식이 단순하고 강력하게 채워진다는 것입니다. 그리고 말씀암송과 방언과 아울러 주님 성호 외치기와 침묵을 병행하면 좋습니다.

사람이 한 가지 행동을 지속하다 보면 익숙해져서 쉽게 타성에 젖습니다. 그게 우리의 죄성인 것 같습니다. 저는 말씀암송을 오랫동안 지속적으로 반복하다 보니 십여 년 전에 암송한 말씀들도 생각하지 않아도 입술에서 바로 튀어나옵니다. 그러나 이렇게 오래 암송했던 말씀들은 익숙하기 때문에 암송할 때 성령님을 바라보지 않고 다른 생각을 많이 하게 된다는 사실을 발견했습니다. 그럴 때마다 저는 다시 말씀으로 고백했습니다.

"오호라 나는 곤고한 사람이로다 이 사망의 몸에서 누가 나를 건져내랴"(롬 7:24).

그리고 "예수 죽음, 내 죽음!"이라 외치며 다시 말씀을 암송하고 성령님을 바라보았습니다. 이처럼 우리의 타성을 막는 좋은 방법은 변화를 주는 것입니다. 말씀암송 사이에 방언을 하기도 하고, 주님의 성호를 외치기도 하고, 때로는 침묵하기도 합니다. "주 예수 그리스도 하나님의 아들이시여, 나를 불쌍히 여기소서", "아버지, 예수님, 성령님"과 같은 호칭기도를 하는 것도 아주 힘있고 단순한 성령집중기도입니다.

말씀암송을 가장 기초로 하고 사이사이에 방언을 하다가 주의 성호를 외치며 우리 안에 계신 주님을 바라보십시오. 그리고 가끔 침묵해보십시오. 고요히 내 안의 주님을 바라보다가 또 흩어지는 자신의 생각(하나님을 바라보는 것 이외의 모든 생각)을 발견하면 다시 소리를 내어 주의 성호를 부르고, 방언을 하고, 성경을 소리 내어 암송하며 성령님을 바라보아야 합니다. 이렇게 기도하게 될 때 성령님을 바라보는 기도가 재미있다는 것을 발견하게 됩니다.

기도 안에서 훈련이 잘된 사람은 일상 삶에서도 주님께 집중하는 것이 쉬워집니다. 또 기도에서 주님께 집중하는 것에 승리할 때 삶에서 어떤 돌발적인 사태가 벌어져도 주님께 집중하게 됩니다. 이처럼 우리의 믿음 생활에서 중요한 문제는 누가 더 내 안의 주님께 잘 집중하느냐에 달려 있습니다.

"
성경암송기도로 생각을 비우며 성령님을 바라볼 때
제 의지와 상관없이 마음속에서
다른 말씀들이 별안간 떠오르곤 합니다.
그때 그 말씀을 가지고 성령님께 집중하면
이내 말씀이 하나님으로부터 온 것이라는
확신을 주시기도 합니다.
"

암송금식기도의 체험

말씀의 확신으로

저는 2013년 5월 1일부터 21일까지 조국과 열방을 위한 장기금식을 하면서 마가복음 16장 전체 암송을 완료했습니다. 실은 마가복음 암송은 약 1년 전쯤 시작했었는데, 13장까지 하다가 잠시 멈춰 있던 상태였습니다. 그래서 금식과 더불어서 나머지 부분을 암송했고, 드디어 마가복음 전장을 암송할 수 있게 되었습니다.

이르시되 기도 외에 다른 것으로는 이런 종류가 나갈 수 없느니라 하시니라 막 9:29

여기서 말하고 있는 "기도 외에 다른 것"은 다른 사본에 "기도와 금식"이라고 되어 있습니다. 그리고 유대인이신 예수님께서 말씀하신 기도에는 유대 전통으로 볼 때 성경암송이 포함되어 있습니다. 그만큼 암송기도와 금식은 강력합니다. 저는 암송금식기도를 통해 묵상한 내용을 매일 기록하면서 이를 절실히 느꼈습니다.

성경암송기도로 생각을 비우며 성령님을 바라볼 때 제 의지와 상관없이 마음속에서 다른 말씀들이 별안간 떠오르곤 합니다. 그때 그 말씀을 가지고 성령님께 집중하면 이내 말씀이 하나님으로부터 온 것이라는 확신을 주시기도 합니다.

마가복음 13장을 암송하는 동안 갑자기 역대하 20장이 생각났습니다. 이 장은 모압과 암몬 자손들이 마온 사람들과 함께 엔게디 골짜기로 유다를 쳐들어오는 모습으로 시작됩니다. 여호사밧 왕은 두려운 나머지 백성들에게 금식을 선포하고, 금식기도를 하는 회중 가운데 하나님의 영이 임하여 말씀이 선포됩니다.

그 전쟁은 여호와께서 친히 싸우실 전쟁입니다. 여호사밧과 백성들은 직접 싸워 이기실 하나님을 찬양하며 나아가기만 하면 됩니다. 찬양을 받으신 주님께서는 천사들을 복병으로 보내서서 전쟁을 승리케 하십니다(대하 20:21-24).

역대하 말씀과 함께 곧바로 예레미야 48장 25절 말씀이 연결되어 떠올랐습니다.

"모압의 뿔이 잘렸고 그 팔이 부러졌도다 여호와의 말씀이니라."

저는 이 말씀을 아버지께서 주시는 말씀으로 확신하고, 믿음으로 선포했습니다. 전쟁은 우리에게 속한 것이 아닙니다. 하나님께서 친히 싸워주십니다. 단, 여호사밧 왕과 백성들처럼 겸비하여 금식하고 찬양할 때 주께서 친히 싸워주십니다. 한국의 정치, 경제, 사회, 문화 그리고 교계에 극심한 혼돈이 있지만 이 전쟁은 우리가 싸울 전쟁이 아닙니다. 그러나 우리에게 기도할 책임과 권리가 있습니다.

악한 세력들을 말씀과 기도로 물리치는 데 있어서 성경암송기도는 강력한 무기입니다. 그리고 암송기도와 금식이 만나면 더욱 강력합니다. 왜냐하면 금식과 암송은 고행이 아니라 신랑과 함께하는 기쁨의 혼인잔치이기 때문입니다(막 2:18-20). 그러므로 만왕의 왕이시요, 만군의 주이시며, 사단의 머리를 상하게 하실 예수께서 신랑으로 함께하시는 금식과 암송은 강력한 영적전쟁의 무기입니다.

다니엘은 21일 기도를 시작하는 첫날에 응답을 받았지만 정사와 권세가 하나님의 응답을 가지고 내려오는 천사들을 막았습니다(단 10:12,13). 그러나 우리의 씨름은 혈과 육에 대한 것이 아니니, 하나님께서 친히 싸워 이기실 것입니다. 하나님께서는 천사들을 통해 일하십니다(시 103:20-22). 그 천사들이 하나님의 말씀을 잘 수행하도록 우리는 악한 사단의 정사와 권세를 강력하게 말씀과 기도로 물리쳐야 합니다.

교만의 돌을 제거하라

맨해튼 미드타운에 있을 때였습니다. 평소 멘토이신 한 목사님으로부터 전화가 왔습니다. 그는 성령께서 사인(sign)을 주시는 것 같아서 전화를 했다고 했습니다.

"별일 없죠?"

그의 물음에 저는 장기금식을 시작했다고 말씀드렸습니다. 그러자 그가 다시 제게 되물었습니다.

"장 세척은 하셨나요? 구충제 복용은요?"

"네? 그런 말은 금시초문인데요."

통화를 하며 장기금식 전에 구충제 복용과 장 세척은 몸의 보호를 위해 필수라는 것과 그 이유에 대해서도 자세히 들을 수 있었습니다. 성령께서 무지한 저를 가엾게 여기셔서 그 목사님을 통해 작은 기적을 베푸신 것입니다.

조국과 열방을 위한 21일 장기금식 기간에 마가복음 13장부터 다시 암송하게 된 것은 성령님의 카이로스적인 인도하심이었습니다. 13장 이후의 내용들이 종말, 예수 그리스도의 고난, 죽음, 부활 그리고 제자들에게 선교적인 지상 명령을 주시는 내용들이

기 때문입니다. 그 내용들은 머지않아 재림하실 신랑 되신 예수
그리스도를 맞이할 조국과 열방의 교회들을 향한 말씀들이었습
니다.

예수께서 말씀하실 때에 곧 열둘 중의 하나인 유다가 왔는데
대제사장들과 서기관들과 장로들에게서 파송된 무리가 검과
몽치를 가지고 그와 함께하였더라 예수를 파는 자가 이미 그들
과 군호를 짜 이르되 내가 입맞추는 자가 그이니 그를 잡아 단
단히 끌어가라 하였는지라 이에 와서 곧 예수께 나아와 랍비여
하고 입을 맞추니 막 14:43-45

가룟 유다는 예수님과 함께 동고동락하며 예수님께서 행하신
기적도 많이 보고 하나님나라에 대해서도 들었습니다. 그러나 마
가복음 14장의 마리아가 향유를 예수님의 머리에 부은 사건 속에
서 하나님의 나라가 마치 가난한 자들과 소외된 자들만의 것인 줄
로 착각하고 있었습니다. 그는 하나님나라의 완성을 위한 예수님
의 죽음을 예비하는 헌신을 보여준 마리아를 책망함으로 하나님
의 나라에 대한 무지를 드러낸 것이죠. 예수님을 따르면서도 하나
님의 나라와 전혀 상관없는 풍부한 지식과 경험을 소유한 자들의
대표가 바로 가룟 유다였습니다.

이스라엘 민족의 해방을 꿈꾸며 예수님을 자신의 야욕에 이용하려던 가룟 유다가 예수님께 입을 맞춥니다. 그러나 그의 입맞춤은 '프로스퀴네오'(*προσκυνέω* : 주님의 발에 입을 맞추며 경배함)의 입맞춤이 아니었습니다. 예수님을 죽음으로 몰아넣는 거짓 입맞춤이지요. 이는 오히려 예수님의 죽음을 준비한 마리아의 헌신이 옳았음을 증명해주는 꼴이 된 것입니다.

가난한 자와 민중의 해방을 위한다면서 현학적인 성경해석을 장황하게 늘어놓지만 결국 예수님의 구원을 땅의 차원에서만 해석하는 가룟 유다와 같은 사람들이 있습니다. 결과적으로 가룟 유다는 자살을 하는데, 이는 잘못된 하나님나라 관점을 소유한 자들은 자멸하게 된다는 것을 암시합니다.

악한 영들과의 전쟁에서 승리하라

저는 장 세척으로 몸 안의 찌꺼기들을 밖으로 내보내는 상황과 암송말씀들을 통해 성령께서 주시는 기도제목을 알아차릴 수 있었습니다.

우리의 진짜 싸움은 혈과 육의 싸움이 아니라 악한 영들과의 전쟁입니다. 그렇기에 우선적으로 가룟 유다의 영성을 부추기는 악한 영들을 예수 이름의 권세로 파쇄하는 기도를 해야 합니다. 그리고 그런 사람들이 그릇된 길에서 돌이킬 수 있도록 아버지의 긍

흉한 마음으로 하나님의 공의를 선포하고, 그들이 돌이켜 회개하여 오순절 성령의 체험(행 2:1-4)을 할 수 있도록 기도해야 합니다.

그들이 사도의 가르침을 받아 서로 교제하고 떡을 떼며 오로지 기도하기를 힘쓰니라 사람마다 두려워하는데 사도들로 말미암아 기사와 표적이 많이 나타나니 믿는 사람이 다 함께 있어 모든 물건을 서로 통용하고 또 재산과 소유를 팔아 각 사람의 필요를 따라 나눠주며 날마다 마음을 같이하여 성전에 모이기를 힘쓰고 집에서 떡을 떼며 기쁨과 순전한 마음으로 음식을 먹고 하나님을 찬미하며 또 온 백성에게 칭송을 받으니 주께서 구원 받는 사람을 날마다 더하게 하시니라 <u>행 2:42-47</u>

공산주의자들은 이 본문을 악용합니다. 코이노니아(통용)의 역사는 사도행전 2장 1절부터 4절까지의 체험의 결과라는 것을 잊어서는 안 됩니다.

물론 진정한 성령의 체험 없이도 통용의 역사를 흉내낼 수는 있습니다. 그러나 그 결과로 반드시 악한 열매가 맺힙니다. 러시아 공산주의의 붕괴와 북한 정권의 타락으로 황폐해져가는 북한 땅과 빈곤과 기아에 허덕이는 북한 주민을 보면 알 수 있습니다. 진정으로 성령 체험을 했다면 공산주의나 김일성의 주체 사상을 따를 수 없습니다.

김일성 주체사상의 배후에 단군신화가 있습니다. 단군신화에서는 단군을 신격화합니다. 그리고 우리 민족의 조상인 단군을 계승한 것이 김일성이라고 하면서 그를 신격화한 것이 주체사상의 핵심입니다. 이것은 우리 민족의 신앙적 뿌리와 역사적 뿌리를 심각하게 왜곡시킨 것입니다.

김일성, 김정일 그리고 김정은을 하나님으로 섬기도록 강요하는 북한 3대 세습 정권은 정통 공산주의가 아닙니다. 북한 주민과 북한 정권은 구분해서 보아야 합니다. 북한 정권은 우리 민족의 조상을 하나님의 자리에 올려놓으면서 민족의 역사의 뿌리를 심각하게 왜곡시켰습니다. 그 주체사상의 결과로 북한 주민들이 김씨 일가를 민족의 태양으로 숭배하도록 하며, 자유를 억압하여 인권을 유린하고, 수백만 명을 굶겨 죽이고 있습니다.

예수께서 성전에서 나가실 때에 제자 중 하나가 이르되 선생님이여 보소서 이 돌들이 어떠하며 이 건물들이 어떠하니이까 예수께서 이르시되 네가 이 큰 건물들을 보느냐 돌 하나도 돌 위에 남지 않고 다 무너뜨려지리라 하시니라 예수께서 감람산에서 성전을 마주 대하여 앉으셨을 때에 베드로와 야고보와 요한과 안드레가 조용히 묻되 우리에게 이르소서 어느 때에 이런 일이 있겠사오며 이 모든 일이 이루어지려 할 때에 무슨 징조가 있사오리이까 예수께서 이르시되 너희가 사람의 미혹을 받지 않도록 주의하라 많은 사람이 내 이름으로 와서 이르되 내가 그라 하여 많은 사람을 미혹하리라 난리와 난리의 소문을 들을 때에 두려워하지 말라 이런 일이 있어야 하되 아직 끝은 아니니라 민족이 민족을, 나라가 나라를 대적하여 일어나겠고 곳곳에 지진이 있으며 기근이 있으리니 이는 재난의 시작이니라 막 13:1-8

진리와 참역사를 훼손시킨 거짓된 사상누각은 반드시 무너질 것입니다. 금식과 기도로써 그런 거짓의 영, 악한 영들이 쫓겨나가도록 해야 합니다.

제가 마가복음14장 43절부터 45절까지를 반복 암송하고 있을 때 갑자기 그 구절들이 기도로 바뀌었습니다.

"한반도에 있는 교회 안에 가룻 유다의 잘못된 신앙은 떠나갈지어다. 대한민국에서 떠나갈지어다. 북한에서 떠나갈지어다!"

말씀을 암송하며 기도제목을 외치는데, 갑자기 성령의 세밀한 조명이 있었습니다. 그것은 저를 향한 하나님의 사랑이었습니다.

'아들아, 네 안에 있는 돌을 먼저 제거하라.'

그러자 기도가 갑자기 바뀌었습니다.

"주님, 제 안에 주님을 이용하고자 하는 가룟 유다의 마음이 있다면 저를 불쌍히 여기시어 먼저 고치소서. 제 안에 있는 찌꺼기들을 제거하소서."

민족과 교회의 죄를 위해 기도할 때 중보기도자들이 흔히 범하는 죄가 있습니다. 바로 '교만'입니다. 혹 '나는 그 정도로 심하게 나쁘지는 않아'라고 생각하지는 않는지요. 우리 안에 교만이 숨어 있을 수 있습니다. 내 안에 있는 그 돌을 먼저 제거해야 합니다.

오로지 금식과 기도로

페이스북(Facebook, 세계 최대의 소셜네트워크서비스)을 보는데 갑자기 눈물이 왈칵 쏟아졌습니다. 저와 함께 조국과 민족을 위한 21일 금식에 참여하고 있는 한 형제가 올린 말씀 때문이었습니다.

"곧 네가 기도를 시작할 즈음에 명령이 내렸으므로 이제 네게 알리러 왔느니라 너는 크게 은총을 입은 자라"(단 9:23).

말씀을 읽는 순간 성령님의 위로와 격려를 크게 느꼈습니다. 그리고 성령께서 또 다른 말씀을 제게 주셨는데, 그것은 바로 앞서 말했던 마가복음 9장 29절 말씀입니다. 공부와 토론과 세미나도 유익하지만 말씀을 가지고 기도하지 않으면 아무런 능력이 없습니다. 말씀의 첫 번째 기능은 공부를 위한 것이 아니고 기도를 위한 것입니다.

단, 금식할 때 유의 사항이 있습니다. 예수 그리스도를 구주로 모신 자들은 이미 그리스도와 함께 죽었다는 것을 잊지 말아야 합니다. 먼저 복음을 적용하지 않으면 율법적 금식은 오히려 독이 됩니다. 먹지 않는 행위로 육을 죽이는 것이 아닙니다. 행위로 육을 죽인다고 하는 것은 율법적인 모습입니다. 그리스도와 함께 이미 죽었다는 것을 믿기 위한 금식이 되어야 합니다.

성경암송기도도 마찬가지입니다. 우리의 자아가 십자가에 이미 죽었다는 것을 확실히 믿는 차원이어야 합니다. 그리고 내 안에 계신 성령님을 믿고 바라보아야 합니다. 그래야 복음적 성경암송기도가 됩니다.

십자가 앞에 서서

금식 5일째가 되었을 때 무척 힘이 들었습니다. 2년 전 고통스런 일을 겪던 한 유명인을 위해 5일간 금식기도를 할 때, 마지막 날에도 그렇게 힘들지는 않았습니다. 그 다음 날부터 먹을 수 있다는 희망이 있었기 때문입니다. 그런데 이번에는 장기금식이라 다음 날에도 먹을 수 없다고 생각하니 매우 힘이 들었습니다. 그래서 밥을 갈망하는 몸처럼 말씀을 암송하면서 생명의 밥이 되시는 예수님을 더 간절히 바라보았습니다.

그러자 성령님께서는 마가복음 13,14장을 반복 암송하고 15장

1절부터 15절까지를 새롭게 암송할 때 십자가가 얼마나 위대하고 초월적인 사건인지 더 깊이 알려주셨습니다. 십자가는 부활, 승천, 보좌에 앉으심, 성령강림 그리고 재림과 연결됩니다. 성경에서 아무리 좋은 이론을 끌어내어 강조하더라도 여기에서 제시한 다섯 가지 중 하나라도 빠트리면 안 됩니다.

하나님의 나라는 우리의 노력으로 완성되는 것이 아닙니다. 마가복음 13장에서 예수님께서 재림 직전에 행하실 어마어마한 종말의 일들을 보십시오. 곳곳에 지진이 일어나고, 해가 어두워지고 달이 빛을 잃으며, 별들이 하늘에서 떨어진다고 하셨습니다. 땅과 하늘을 다시 갈아 엎으셔서 하나님나라, 즉 새 하늘과 새 땅을 완성하시는 것입니다.

천지창조에도, 부활, 승천, 보좌에 앉으심, 성령강림에도 인간의 도움이 필요 없었듯이 하나님나라가 완성되어지는 재림 직전에도 마찬가지입니다. 그런데 예수님의 죽음은 인간이 도왔습니다. 십자가 주변의 모든 세력들이 서로 자아를 주장하며 의기투합한 결과로 예수님을 십자가에 못 박은 것입니다.

맨해튼으로 전도하러 가는 길에 차 안에서 마가복음 15장 1절부터 15절까지 암송으로 저를 비우며 성령님을 바라보는 가운데 성령께서 말씀을 조명해주셨습니다. 그 부분에는 예수님을 십자가에 못 박은 무리들이 묘사되어 있습니다. 로마 정부의 빌라도,

헤롯, 대제사장들, 바리새인들, 서기관들, 유대인 군중, 그들 모두
는 자신들의 유익을 위해 예수님을 십자가에 못 박았습니다. 그
모습은 바로 우리의 모습입니다.

땅의 모든 세력들이 예수님을 못 박기 위해 어쩌면 그리도 완벽
하게 하나로 연합되었는지 그저 놀라울 따름입니다. 그리고 그것
이 바로 십자가의 신비입니다. 십자가 앞에서는 인간의 죄성과 자
아가 그대로 드러나게 되는 것이지요.

그러나 주님께서는 바로 그들의 악한 도움을 받아 기꺼이 죽으
시면서 첫 창조시대에 속한 우리의 아담적 옛 생명(옛 자아)을 완
전히 끝내셨습니다. 놀라운 신비요 사랑입니다.

그리스도의 사랑이 우리를 강권하시는도다 우리가 생각하건
대 한 사람이 모든 사람을 대신하여 죽었은즉 모든 사람이 죽
은 것이라 고후 5:14

하나님의 나라는 하나님께서 친히 완전히 정리하실 것입니다.
물론 하나님나라의 시민(회개하여 예수님의 죽으심과 부활을 믿
은 자, 부활 생명을 얻은 자)으로 이 땅에서 이미 임한 하나님나라
와 의를 구하며 실천하며 살아가야 합니다. 그리고 그 노력에 대
해서는 주께서 완성하실 나라에서 상급으로 베푸실 것입니다. 그

러나 철저히 자기를 부인하고 성령님을 좇아 행한 노력만이 보상 받을 것입니다.

우리가 전해야 할 복음

지금 이 땅에서는 이념 전쟁을 부추기며 정치, 사회, 교회 개혁을 말하지만 그것이 마치 우리의 노력으로 완성해야 할 하나님의 나라인 양 외치는 것은 큰 오해입니다. 마르크스적인 땅의 차원에서의 유토피아(지상낙원)를 건설하려는 노력과 거기에 물든 기독교인들이 복음을 진정으로 깨닫기를 소원합니다.

때가 되면 주께서 홀연히 오실 것입니다. 주께서 그때를 결정하실 동기는 이 땅에 이루어지는 개혁의 모습들이 아닙니다. 물론 부분적으로는 포함되겠지요. 그러나 인간의 노력은 하나님께서 직접 땅과 하늘을 갈아 엎으셔서 이루실 것에 비하면 아주 작은 것입니다.

신실하신 주님은 그때를 결정하실 증거에 대해서 성경에 정확하게 기록하셨습니다. 그것이 바로 로마서 11장에 표현되어 있는, 주께서 구원하시기로 택하신 이방인의 충만한 수와 그 직후 이스라엘의 구원입니다. 그래서 우리는 때를 얻든지 못 얻든지 복음을 전해야 합니다. 여기서 말하는 복음은 순수한 십자가의 죽음과 부활의 복음입니다.

성령을 부어주신 것은 바로 우리를 죽음과 부활의 증인으로 삼으시기 위함이었습니다(행 1:8,22). 주께서는 잃어버린 영혼을 찾으시고 그 숫자가 차기를 기다리십니다. 주변에 믿지 않는 자들과 모든 민족에게 복음이 전파되도록 열심을 내야 합니다. 그것이 바로 주님의 재림의 때를 앞당길 수 있기 때문입니다(마 24:14). 이에 대해 마가복음 13장 17,18절에서는 이렇게 말하고 있습니다.

그날에는 아이 밴 자들과 젖먹이는 자들에게 화가 있으리로다
이 일이 겨울에 일어나지 않도록 기도하라

환난의 날들이 겨울에 일어나지 않도록 기도하라는 말씀은 우리의 기도의 열심이 주께 상달되면 그때를 피하게 하실 수도 있다는 뜻입니다. 그리고 모든 민족에게 복음이 전파되면 세상 끝이 온다고 합니다. 정치, 사회, 교회개혁도 중요하지만 그것보다 더 중요한 것이 주께서 찾으시는 영혼들에게 전도하고 선교하여 예수 그리스도를 구원자와 주님으로 모셔 부활 생명을 얻게 하는 것입니다. 홀연히 주께서 강림하시기 때문이고, 부활 생명만이 하나님 나라의 시민이 되기 때문입니다. 주님의 십자가 앞에 회개하여 복음을 믿어(막 1:15) 주님의 죽음, 부활, 승천, 보좌, 성령에 연합되어야 새 하늘과 새 땅에 들어갈 자격을 얻게 됩니다.

교회를 위한 기도

마가복음 14,15장은 예수님의 고난에 대한 부분입니다. 암송하는 동안 저는 현재의 한국교회의 고난에 대해 생각해보았습니다. 비록 부족한 교회일지라도 교회의 고난은 예수님이 고난받으시는 것입니다. 교회는 그리스도의 몸이기 때문입니다.

암송 구절 가운데 대제사장들과 온 공회가 예수님을 고소하는 장면이 나옵니다. 그런데 그들의 증언이 서로 일치하지 않았습니다(막 14:55-59). 거짓이었기 때문입니다. 요즘 자신들의 신학의 잣대가 가장 완전한 것처럼 착각하며 교회나 주의 종들을 함부로 판단하는 사람들이 많습니다. 교회에 속해 있으면서도 참소하는 일에만 열심인 사람들이 있습니다. 그들은 사단이 만들어낸 거짓에 속아 교회의 머리 되신 주님을 거짓으로 고소하고 있는 것일 수 있습니다.

참된 교회는 예수께서 부활하신 것처럼 부활할 것이지만, 예수님을 따르는 듯하나 이를 이용해 세상에 팔아먹는 자들(가룟 유다)과 그 예수를 넘겨받아 거짓 증언으로 세상의 심판을 받도록 세상에 넘겨주는 자들에게는 화가 있을 것입니다(막 14:21). 자신을 되돌아봐야 합니다. 그리고 부족한 교회를 위해 피땀 흘려 기도해야 할 것입니다.

2008년 1월, 제가 청년부 목사로 섬기던 교회를 그만두고 뉴욕의 거리 전도자로 홀로서기를 시작할 때였습니다. 새로운 사역을 위해서 영적으로 더 무장할 필요를 느꼈지요. 때마침 누군가로부터 말씀을 잘 풀어주는 선교사님이 계신다는 말을 들었고, 저는 그 성경공부 모임에 참석했습니다.

선교사님의 가르침이 훌륭해서 그 다음 주에는 아내와 같이 갔는데, 마침 그날 종말론 강해를 했습니다. 그런데 그는 강의 중에 갑자기 중대형교회, 특히 어느 한 교회를 집중적으로 비판했습니다. 물론 직접적으로 교회와 사람들의 이름은 거론되지 않았으나 이야기만 들으면 쉽게 어느 교회인지 알 수 있었습니다.

저는 그가 말하고 있던 교회의 담임목사님과 그 가정에 대해 남들이 알지 못하는 소상한 부분까지도 잘 알고 있었습니다. 그래서 특별히 아버지께서 주시는 긍휼의 마음으로 오래도록 그 교회와 목사님을 위해 눈물을 뿌리며 기도하고 있었습니다. 그런데 그런 이야기를 하니 더 이상 그 자리에 있고 싶은 마음이 사라졌습니다. 특히 그런 교회가 요한계시록에 나오는 음녀와 같다고 표현했을 때는 강의실을 박차고 나오고 싶을 정도였습니다.

다음 날 새벽, 저는 2006년부터 시작한 성경암송기도를 하기 위해 공원으로 갔습니다. 그런데 암송기도를 하는 도중에 그 선교사에 대한 생각으로 성령님을 집중해서 바라보지 못했습니다. 저는 그 생각들을 내려놓으며 성령님을 바라보려 했지만, 그 생각이 계속 떠올랐습니다.

'혹시 그를 위해 기도하라는 사인일까?'

그래서 그 선교사가 생각날 때마다 기도하고 다시 성경을 암송하며 성령님 바라보기를 반복했습니다. 그렇게 3일째 되던 날, 성령님의 음성이 들렸습니다.

'내가 지금 네게 주는 말을 그에게 전하라.'

이어서 '누군가를 비판하기 전에 비판하는 대상을 위해 먼저 눈물로 기도하고 있는가? 그렇지 않으면 그 비판을 멈추라!'라고 말씀하시는 것이었습니다. 그 음성을 듣자마자 예수님께서 바리새인들에게 "독사의 자식들아!"라고 말씀하신 장면과 예루살렘 성을 향하여 눈물을 보이신 장면이 겹쳐졌습니다(눅 19:41). 예수님의 눈물은 예루살렘 성뿐만 아니라 모든 인류, 즉 자기를 참소하며 찌르는 자들을 향한 중보였습니다.

> 그는 육체에 계실 때에 자기를 죽음에서 능히 구원하실 이에게 심한 통곡과 눈물로 간구와 소원을 올렸고 그의 경건하심으로 말미암아 들으심을 얻었느니라 히 5:7

솔직히 저는 선교사에게 연락하고 싶지 않았습니다. 그러나 주께서 강권적으로 역사하셔서 하는 수 없이 그에게 이메일을 보냈습니다.

주님의 평강을 전합니다. 선교사님을 통해서 귀한 것을 배웠습니다. 감사합니다. 다만 두 번째 참석했을 때, 저는 자리에 앉아 있기가 불편했습니다. 선교사님께 따지고 싶은 마음도 있었지만 조용히 집으로 왔습니다.

그런데 아침 기도 중에 선교사님 생각이 났고, 성령께서 선교사님을 위해 중보기도를 하게 하셨습니다. 기도를 한 지 3일째 되던 날 성령께서 선교사님께 전해야 된다는 마음을 주셨습니다. 솔직히 저는 순종하기 싫었습니다. '왜 선교사님께 이런 일을 해야 하나'라고 생각했습니다. 하지만 성령께서 꼭 전해야 한다고 하셨고, 순종하고 전합니다.

비판하기 전에 비판의 대상을 위해 기도하며 울어보셨는지요? 만약 그를 향한 눈물의 기도가 없다면 그 비판을 멈추십시오. 우리 주님은 자신을 못 박는 자들을 위해서도 아버지께 용서를 구하는 분이셨고, 죄로 인해 멸망할 예루살렘 성을 바라보시면서도 우셨던 분이셨습니다. 자신을 십자가에 못 박을 바리새인들에게 "독사의 자식들아"라고 독설을 퍼부으셨지만 예수님은 그 불쌍한 영혼들을 위해 먼저 아버지의 마음으로 우시는 분이셨습니다.

제 이메일에 그는 신속하게 답장을 보내왔습니다.

지 목사님, 감사합니다. 그들을 위한 눈물의 기도는 없었습니다. 제가 잘못했습니다. 이제는 비판을 멈추고 그들을 위해 먼저 기도 하겠습니다. 그리고 성령께서 눈물을 주실 때까지 함부로 말하지 않겠습니다.
다른 나라에서 선교할 때 저는 감옥에까지 가는 심한 고초를 겪기 도 했습니다. 그러한 고난들을 통해 성령께서 제가 아무것도 아니 라는 것을 보게 하셨습니다. 주님께서는 그러한 고난을 통해서 제 가 다른 사람들을 쉽게 판단하고 비판하는 사람이라는 것을 알려 주셨고, 한동안 비판하지 않았습니다. 그런데 저도 모르게 자아가 또 튀어나왔습니다. 성령께서 목사님을 통해 저를 돌이키게 하시 니 감사합니다.

저는 답장을 받고 큰 감동을 받았습니다. 그 분은 참으로 귀한 하나님의 종이었습니다. 그 뒤로 몇 차례 이메일을 주고받으면서 우리는 친구가 되었습니다.
교회를 개혁해야 된다고 하면서 교회와 목회자들과 선교사들에 대한 비판을 서슴없이 하는 사람들이 있습니다. 그들은 예수님 도 바리새인들에게 "독사의 자식들아"라고 독설을 하셨다면서 자신들을 정당화합니다. 저는 그들에게 과연 비판하는 대상들을 향한 예수님께서 흘리신 눈물, 멸망할 도성을 향해 하나님의 말씀을 대언하면서 종일 울고 다닌 예레미야의 눈물이 있는지 묻고 싶습니다.

개혁이라는 미명하에 교회의 약점을 잡아 낱낱이 고소하는 자들이 아버지의 마음으로 눈물을 뿌리며 기도하지 않고 비판만 하고 있다면 그들은 참소자로서 마귀와 야합할 뿐입니다. 그들 자신도 죄와 허물 많은 사람들이면서 마치 간음하는 여인을 돌로 치려고 하고 그 일을 빌미로 예수님까지 책잡으려 했던 자들과 같습니다.

예수님의 복음은 크게 두 가지로 나뉩니다. 희망의 복음(채우심)과 자기 부인의 복음(비움)입니다. 1세대 목회자들은 희망의 복음을 맡은 분들이라고 할 수 있습니다. 이제 2,3세대에는 예수님의 재림이 한층 더 가까워졌기에 자기 부인과 회개의 복음을 강조해야 합니다. 단, 희망의 복음을 무시해서는 안 됩니다. 두 복음이 함께 선포돼야 합니다.

다만 2,3세대들이 자기 부인의 복음, 회개의 메시지를 외칠 때 1세대 목회자들과 기존의 교회를 무분별하게 비판하지 않도록 조심해야 합니다. 1세대 목회자들이 있기에 그들이 있기 때문입니다. 자신의 메시지에 충실하고, 누군가를 비판하기 전에 그들을 위해 눈물을 흘리며 기도해야 할 것입니다.

우리나라를 보호해주소서

　전쟁이 빈번히 일어나는 M국에서 선교하는 어느 한 선교사의 간증을 소개합니다. 1990년대 후반 그가 선교하는 지역에 전쟁이 일어나 미사일이 집중 포격되었습니다. 그러자 미사일이 떨어지는 지역의 선교사들이 목숨을 건지기 위해 그 지역을 나오게 되었습니다. 이러한 상황에서 현지인들은 선교사들을 믿지 못하게 됩니다. 그들에게 사랑한다고 말하며 목숨을 걸고 복음을 전하겠다던 선교사들이 정작 위험한 상황이 벌어지자 제일 먼저 도망가는 것을 보며, 그들은 기독교에 대해 불신을 하게 됩니다.

　그런데 성령께서 그 선교사에게 황당한 명령을 내리셨습니다. 미사일이 떨어지는 지역으로 들어가라는 것이었습니다. 그는 이미 그 나라에 뼈를 묻겠다고 작정하고 선교를 시작했기 때문에 성령께 순종하여 그 지역으로 들어갔습니다. 그곳으로 들어가니 미처 포격을 피하지 못해서 죽은 시체들과 신체 일부가 절단되어 피 흘리는 부상자들이 많이 있었습니다. 그중 부상당한 가족을 끌어안은 한 여인이 선교사를 보고 말했습니다.

　"당신, 미쳤어요! 어떻게 이곳에 들어와요?"

　그러자 선교사가 한마디를 했습니다.

"예수님 때문에 들어왔어요."

이 말을 듣고 여인은 예수님을 구주로 영접하게 되었습니다. 전쟁 중에 그와 같은 방법으로 하나님께서는 많은 영혼을 구하셨습니다. 선교사는 이 체험을 통해 얻은 확신을 다음과 같이 표현했습니다.

"죽음이 역사하는 곳에 하나님의 영혼 구원의 역사가 더 확실히 나타납니다."

1967년, 이스라엘이 아랍과 6일 전쟁을 할 때의 일입니다. 이스라엘의 한 병사가 길을 잃고 자기 부대를 찾고 있었습니다. 그런데 어느 곳에 이르니 그의 앞에 수천 명의 이집트 군사들이 있었고, 그들이 병사에게 두 손을 높이 들고 항복을 했습니다. 그 이스라엘 병사는 이상히 여기면서 그들을 포로로 데리고 자기 부대로 갔습니다. 그러고는 포로로 순순히 끌려온 이집트 장교들에게 물었습니다.

"당신들은 왜 한 명의 병사에게 포로가 되어 잡혀왔죠?"

이집트 장교들 중 한 명이 말했습니다.

"저 병사 뒤에 수많은 천사들이 우리를 향해 총을 겨누고 있었습니다. 우린 이스라엘과는 싸울 수 있지만 천사들과는 싸울 준비가 되어 있지 않았습니다."

저는 마가복음 13장 7,8절을 암송을 하면서 더할 수 없이 큰 은혜를 체험했습니다.

난리와 난리의 소문을 들을 때에 두려워하지 말라 이런 일이 있어야 하되 아직 끝은 아니니라 민족이 민족을, 나라가 나라를 대적하여 일어나겠고 곳곳에 지진이 있으며 기근이 있으리니 이는 재난의 시작이니라 막 13:7,8

이 말씀을 반복 암송하며 성령님을 바라보다가 기도했습니다. "조국 땅에 전쟁이 일어나지 않게 하소서. 그러나 주님께서 말씀하신 바대로 종말에 꼭 일어나야 할 일들이라면 전쟁이 일어나더라도 대한민국을 도우소서. 그 전쟁 가운데 엘리야가 바알과 아세라 선지자 850명을 상대로 이긴 것과 같은 승리가 있게 하소서. 1948년 이스라엘 독립전쟁과 1967년 6일 전쟁에서 있었던 기적처럼 당신의 손길로 승리케 하소서."

저는 대한민국에 전쟁이 일어나는 것을 원치 않습니다. 그러나 결국 썩어질 육신보다 더 중요한 것은 우리의 영혼입니다. 주님께서는 분명히 종말에 난리와 난리의 소문이 있을 것이고 민족이 민족을, 나라가 나라를 대적하여 일어날 것이고 곳곳에 지진과 기근이 있을 것이라고 하셨습니다.

주님의 약속은 반드시 이루어집니다. 우리는 "전쟁이 일어나지 않게 하소서"라고 기도해야겠지만 이 시대에 이루어져야 할 말씀이라면 전쟁이 나더라도 크신 팔로 보호해주시기를 또한 주님의 신실한 영혼 구원의 역사가 일어나도록 기도해야 할 것입니다.

> 예수님께서는 우리가 기도하게 하시기 위해
> 말씀으로 이끄십니다.
> 우리의 기도가 주님께서 이끄시는
> 기도가 되기 위해서는
> 말씀을 대하는 태도가 중요합니다.
> 소리 내어 암송으로 반추하는 것은
> 말씀을 영적으로 가장 잘 소화되게 해서
> 주께서 원하시는 기도로 우리를 이끕니다.

암송금식기도의 은혜

고난에도 주님을 찬양

21일 금식 중에 밤새 속이 아파서 한숨도 못 잔 날이었습니다. 위산이 역류하여 위와 식도가 타는 것 같았죠. 저는 침대에서 데굴데굴 구르며 외쳤습니다.

"아버지, 살려주세요!"

아버지 이름을 몇 번이고 외쳤지만 아픔은 멈추지 않았습니다. 그러다가 암송 구절들을 선포하기 시작했습니다. 제일 먼저 마가복음 1장이 튀어나왔습니다.

"하나님의 아들 예수 그리스도의 복음의 시작이라 선지자 이사야의 글에 보라 내가 내 사자를 네 앞에 보내노니…."

매우 고통스러워서 암송을 하다가도 주님의 성호를 외치며 하나님을 바라보았습니다. 그리고 속으로는 '제발 치료해주소서!'라고 하소연했습니다. 하지만 아픔은 멈추지 않았고, 고통 가운데 여러 고백들이 마구 튀어나왔습니다.

"이 몹쓸 죄인을 건져주신 주님, 감사합니다. 고통당하는 자들의 아픔을 이해하게 하시니 감사합니다. 앓고 있는 조국을 건져주소서. 제가 중보기도하고 있는 그들을 만나주소서. 주여, 어느 때까지 그들을 버려두실 것입니까. 그들의 꿈속에 나타나 그들이 주님께로 마음을 열게 하소서. 주여, 제 영혼도 부탁드립니다!"

결국 한숨도 못 잔 채 뒹굴다가 동이 틀 때쯤에야 겨우 속이 안정되었습니다. 저는 새날을 맞이하여 15장을 복습 암송하고 16장의 새로운 부분을 암송하면서 주님께 큰 영광을 돌렸습니다. 왜냐하면 위산 역류로 인한 고통과 회복은 바로 15장에 묘사된 예수님의 십자가 고난 그리고 16장의 부활에 동참한 것이기 때문입니다.

자아를 죽이고 주님께 나아가는 법

마가복음 16장 암송을 완성하는 순간 복음서 전체가 제 마음속에 들어왔다는 생각을 하니 무척 뿌듯했습니다.

"내가 해냈구나!"

그때 제 속에 숨은 자아가 보였습니다. '내가'가 있었던 것입니다. 인간의 더러운 의는 너무나도 골이 깊어서 파내고 파내도 끝이 없습니다. 그래서 자아를 발견할 때마다 숨고 싶어집니다. 자아는 자유를 빼앗아가는 원흉입니다.

그러나 자아와 연약함과 실수를 발견하고 순종에 실패했을 때 저는 죄책감 가운데 오래 머물러 있지 않습니다. 즉시 영적인 오뚝이처럼 "내가 그리스도와 함께 십자가에 못 박혔나니…"라고 말씀을 선포하고 벌떡 일어납니다. 제 자아는 이미 주님과 함께 십자가에 못 박혀 죽었음을 믿는 것이지요.

제가 마가복음 16장 12절부터 20절까지 새로 암송하며 생각을 비우고 성령님을 바라볼 때, 성령님은 마음을 지키는 것에 대해 통찰할 수 있게 해주셨습니다.

그 후에 열한 제자가 음식 먹을 때에 예수께서 그들에게 나타나사 그들의 믿음 없는 것과 마음이 완악한 것을 꾸짖으시니 이는 자기가 살아난 것을 본 자들의 말을 믿지 아니함일러라

막 16:14

예수님의 부활 소식을 듣고도 제자들은 믿지 않았습니다. 그때 예수님께서는 그들에게 "믿음 없는 것과 마음이 완악한 것"을 꾸짖으셨습니다. 그만큼 마음을 지키는 것은 정말 중요합니다(잠 4:23).

사실 부정적인 생각을 심어주는 것은 마귀가 아닙니다. 마귀는 우리의 머리에 부정적인 생각을 얹어놓기만 할 뿐, 깊이 생각하여 심는 것은 우리 자신입니다. 부정적인 생각을 오래 하다 보면 생각대로 행동에 옮기게 되므로 그 즉시 생각을 내려놓고 내 안의 주님을 바라보아야 합니다. 그것은 암송기도로 연습할 수 있습니다. 기도 시간에 이 연습이 잘되면 삶의 현장에서 돌발적이고 부정적인 사태가 벌어졌을 때도 내 판단을 내려놓고 주님만을 바라볼 수 있게 됩니다.

사랑의 수고

평강의 하나님이 친히 너희를 온전히 거룩하게 하시고 또 너희의 온 영과 혼과 몸이 우리 주 예수 그리스도께서 강림하실 때에 흠 없게 보전되기를 원하노라 살전 5:23

주님이 강림하실 때 영, 혼, 육이 흠 없이 보전되어 온전한 구원을 이루어야 합니다. 믿음의 역사로 성령께서 우리의 영 안에 들어오셨으므로 이미 우리의 영은 구원을 받았습니다(요 7:39). 또한 소망의 인내로 살아갈 때 몸은 썩지 아니할 영화로운 몸으로 구원될 것입니다(고전 15:51,52). 그러면 혼의 구원은 어떻게 이루어질 수 있을까요? 혼적 구원과 관계가 깊은 것이 바로 "사랑의 수고"입니다.

> 너희의 믿음의 역사와 사랑의 수고와 우리 주 예수 그리스도에
> 대한 소망의 인내를 우리 하나님 아버지 앞에서 끊임없이 기억
> 함이니 <u>살전 1:3</u>

믿음, 소망, 사랑, 이 세 가지 중에 사랑이 제일이라고 하셨습니다(고전 13:13). 우리가 믿음으로 승리하여 완성된 천국에 이르렀을 때 믿음의 역할은 끝나고, 완성된 천국이 이루어질 소망을 가지고 살다가 천국이 이루어지면 소망의 역할도 끝날 것입니다. 그런데 사랑은 세상에서나 천국에서나 영원할 것이기에 사랑이 제일입니다.

우리가 할 수 있는 두 가지 사랑의 수고에 대해 알아보도록 하겠습니다.

첫째, 내 마음을 미워하는 것입니다. 사도 요한은 세상을 사랑하지 말라고 하면서 지금 우리 눈에 보이는 세상이 우리의 마음에서 나온 것이라고 말했습니다(요일 2:15,16). 즉, 첫 사람 아담과 하와가 탐심(자아)으로 불순종해서 세상을 낳은 것입니다. 세상을 사랑하지 않고 주님을 사랑하는 수고의 비결은 세상의 뿌리인 내 마음을 먼저 미워하는 것입니다. 그리고 내 안의 성령님께 향해야 합니다.

그 열쇠가 바로 기도입니다. 성령님께 향할 때 성령께서 그리스도의 영광을 보여주시며, 예수님을 증거해주실 것입니다(요 16:14). 또한 주의 영광을 바라보는 만큼 예수님을 사랑하고, 그분을 닮게 되는데, 이것은 오직 주의 영으로만 가능합니다(고후 3:18).

둘째, 성령님께 향하기 위해 성경을 암송하는 것입니다. 성경암송기도로써 주의 영광을 바라보는 사랑의 수고를 통해 날마다 내 생각을 지킬 때 이웃 사랑의 실천은 저절로 흘러넘치게 될 것입니다. 기도로 주님을 사랑하는 훈련이 되지 않은 사람에게 "주님을 사랑하세요, 이웃을 사랑하세요"라고 말한들, 그것은 율법적 강조에 지나지 않습니다.

따라서 기도할 때 마음을 지키며, 나를 미워하며 생각을 비우는 것과 성령님께 향하는 것과 주의 영광을 바라보며 주님을 사랑하는 것을 먼저 강조해야 합니다. 이것이 복음입니다. 왜냐하면 우리가 하는 것이 아니고 우리 안에 계신 그리스도께서 하시는 것이기 때문입니다. 우리의 정욕과 탐심은 이미 십자가에 죽었습니다(갈 5:24). 우리는 그분을 바라보기만 하면 됩니다.

암송과 다이어트

암송금식기도를 하면서 "주님께 내가 무언가를 헌신하고 있으니 주님이 기뻐하실 것"이라는 생각으로 충만했습니다. 그러나 그것은 큰 착각이었습니다. 오히려 제가 주님께로부터 받는 은혜가 정말 컸습니다. 매일 새롭게 보게 되는 것은 다름 아닌 제 속에 있는 교만이었습니다. 특히 그동안 함부로 말했던 제 악한 모습들이 떠올라 회개가 저절로 흘러나왔습니다.

"주님, 잘못했습니다."

성령님을 따라 말하기 훈련을 하는 데 가장 좋은 것은 성경암송입니다. 성경은 성령님께서 성경의 저자들에게 말하게 하신 것이며, 그 성경을 눈으로만 보는 게 아니라 소리 내어 암송으로 말하며 성령님을 바라볼 때 혀와 입술의 훈련이 됩니다.

성경을 계속 암송하는 것은 마치 다이어트를 하는 것과 비슷합니다. 7년 전쯤 저는 몸의 훈련인 다이어트와 영의 훈련인 암송기도를 1년 이상 지속했습니다. 주변에 유혹들이 방해했고, 포기하고 싶다는 생각도 수없이 했습니다. 그럴 때마다 저는 생각을 지켜야 했습니다. 또 몸을 움직여서 운동했고, 식습관을 바꾸었으며, 입술과 혀와 턱을 움직여서 성경을 계속 암송했습니다. 성경암송으로 성령님을 집중하며 마음(생각과 의지)을 통제하는 훈련을 했고, 육체의 연습으로도 마음을 훈련시켰습니다.

어떤 심리학과 교수가 "의지력이 곧 영성이다"라고 말했다고 합니다. 하나님에 대해 아무리 많이 알아도 의지력이 약하면 소용이 없습니다. 지식이 의지로 나타나 육체를 통해 지속적으로 표현

될 때 영성이 증명됩니다. 그래서 몸(입술, 혀, 턱)을 움직이며 말씀을 소리내어 반추(묵상)하는 암송기도는 훌륭한 영성훈련입니다. 다이어트와 성경암송기도를 함께하며 깨달은 것을 한마디로 표현하고자 합니다.

"시작하십시오. 그리고 끝까지 하십시오!"

가족 구원을 위한 기도

마가복음 13장부터 16장까지 암송을 복습하는 동안 새삼스럽지만 가족 구원이 시급한 이유를 깨달았습니다. 음식을 누구와 어떻게 먹는지가 중요한 것처럼 누구로부터 어떻게 말씀을 접하고 있는가는 정말 중요합니다. 가룟 유다는 예수님과 함께 식사를 했고, 매일 기적을 통해서 하나님나라에 대한 말씀을 들었지만 결국 예수님을 팔았습니다. 그는 말씀을 들었지만 그 말씀으로 자아를 부인한 것이 아니라 오히려 자아(자신의 이념과 사상)를 강화시키는 차원에서 이용했습니다.

아무리 성경을 암송한다고 하더라도 그런 차원에 머물러 있다면 그것은 암세포에 영양분을 계속 주입시키는 것과 다를 바 없습니다. 성경암송은 자아부인과 성령님을 바라보는 도구로 쓰임 받아야 합니다. 그럴 때 영적인 자유가 임하며 그로부터 자아부인이 실천되어 가족 구원이 이루어지고, 그 구원이 이웃과 열방으로 퍼

져갈 것입니다.

> 형제가 형제를, 아버지가 자식을 죽는 데에 내주며 자식들이
> 부모를 대적하여 죽게 하리라 `막 13:12`

지금은 마지막 때입니다. 따라서 우리는 "이르되 주 예수를 믿으라 그리하면 너와 네 집이 구원을 받으리라"(행 16:31)라는 말씀을 붙들고 전심을 다해 가족 구원을 위해 기도하며 먼저 가족들에게 자아부인을 실천해야 합니다. 가족들과 함께 한 식탁에서 먹었는데 가족들이 서로를 죽는 데 내어준다는 것은 온전한 연합이 이루어지지 못한 결과입니다.

연합이 이루어지지 못한 것은 각자가 서로의 자아를 내세운 결과입니다. 혹 식탁에 둘러앉은 가족 중 단 한 사람만이라도 제대로 자아를 부인하는 삶을 살았다면 그 가족은 온전한 연합을 이룰 것이라 믿습니다.

이미 가족의 구원이 다 이루어졌다 하더라도 안심하고 주저앉아 있으면 안 됩니다. 그것은 영생을 소유한 자의 태도가 아닙니다. 영생을 얻은 자, 아가페 사랑을 받은 자, 지옥 불에서 건짐 받은 확신이 있는 자는 전도에 늘 부담이 있습니다. 심장 박동이 멈추는 순간 지옥으로 직행할지도 모르는 사람들을 향한 안타까움

이 있게 마련입니다.

만약에 그 안타까운 아버지의 마음이 없다면 자신의 구원의 확신에 대해 심각하게 의심해보아야 합니다. 가족 구원이 이미 다 이루어진 가정은 주변 이웃들 중에 온전히 구원이 이루어지지 않은 가정을 위해 눈물을 뿌리며 기도해야 하고, 때를 얻든지 못 얻든지 세상에 나가 복음을 전해야 합니다.

일본이 쓰나미로 인한 재난으로 고통스러워할 때, 한 청년이 제게 질문했습니다.

"목사님, 하나님께서 살아 계신다면 왜 일본 사람들을 구원하시지 않고 재난 가운데 버려두시는 거죠?"

이런 의문을 가진 사람들이 의외로 많습니다. 우선 우리가 알아야 할 것은 하나님은 근거 없이 심판하시는 분이 아니라는 것입니다. 수많은 사람들이 한꺼번에 재난으로 육체의 생명을 잃는 것을 보면 안타깝습니다. 하지만 사실 큰 재난이 아니어도 우리 주변에는 사고와 질병 그리고 자연사 등으로 많은 사람이 죽어가고 있습니다. 한꺼번에 죽는 큰 재난에 대해서만 끔찍해할 것이 아니라 우리 주변의 죽음을 보면서도 경각심을 가져야 합니다.

한편, 크리스천들이 본이 안 돼서 예수님을 안 믿겠다는 사람들이 많습니다. 또한 요란하고 무식한 전도자들 때문에 복음 전도의 길이 오히려 막히니 지혜롭게 복음을 전해야 한다고 말하는 크리스천들도 있습니다. 그렇습니다. 크리스천들은 삶으로도 본이 되어야 하고 지혜로운 방법으로 복음을 전해야 합니다.

그런데 복음을 받아들이지 않는 사람들은 그런 이유 때문에 복음을 거부하는 게 아닙니다. 모든 사람들 속에는 하나님을 알 만한 것이 있고, 하나님의 신성이 만물에 분명히 나타나 있습니다(롬 1:19,20). 즉, 하나님께서는 자연과 역사를 통해 그들의 양심의 문을 두드리시며 들어가고 싶어 하십니다(계 3:20). 그럼에도 불구하고 그들은 여전히 자기 스스로가 삶의 주인이 된 삶을 포기하지 않고, 육체와 마음이 원하는 것을 하며, 진노의 삶을 자처하고 있습니다(엡 2:2,3). 그런 차원에서 본이 안 된다고 생각하는 기독교인들이라는 핑곗거리를 찾은 것뿐입니다.

이것이 인간 속에 있는 자아의 본질입니다. 가족들 가운데 아직도 예수님을 구주로 믿지 않는 자들은 이 자아를 고집하고 있습니다. 그들의 자아를 내려놓게 하는 열쇠는 바로 먼저 믿은 자들인 '우리'입니다. 먼저 믿은 자들이 함께 식탁에 둘러앉은 믿지 않는 가족들에게 자아 부인을 실천하면 그들도 삶의 방향을 돌이켜 아버지 품에 안기게 될 것이라 믿습니다.

죽음은 예고 없이 갑자기 찾아옵니다. 누구도 예외가 없습니다. 이런 측면에서 가족 전도가 긴급합니다. 그래서 우리는 때를 얻든지 못 얻든지 가정과 일터의 현장에서 삶으로 하나님나라의 모습을 보여줌으로써 믿지 않는 가족들이 자연스럽게 그리스도 예수를 구주로 모셔 들이게 해야 합니다. 아울러 적극적으로 전도하여 세상 사람들이 주 예수 그리스도 앞에 진실로 회개하여 복음을 믿어 부활 생명을 소유토록 해야 합니다.

성령님만을 바라보며

하나님께서는 선택하신 이스라엘에게서 당신의 영광을 거두셔야 했습니다. 그 영광을 이방인에게로도 보내셔야 했기 때문입니다. 이사야는 그것을 선포하도록 부르심을 받은 선지자입니다. 이사야는 영광의 임재가 떠나는 것을 어느 때까지 선포해야 할 것인지 하나님께 여쭙습니다. 그때 하나님은 성읍, 토지, 가옥 그리고 주민들의 십분의 일도 남겨지지 않을 때까지, 즉 택한 백성이 완전히 멸망할 때까지라고 하십니다(사 6장).

이사야가 이것을 선포하는 사명을 받은 때는 BC 740년경입니다. 18년 후 BC 722년에 하나님의 말씀대로 북이스라엘은 앗수르에 의해 완전히 멸망됩니다. 당시 앗수르는 중동 전 지역을 다 차지한 나라입니다. 하나님께서는 이스라엘이 당장에라도 완전히 멸망할 것처럼 말씀하셨지만 북이스라엘이 멸망된 후에도 136년이나 지연되었고, 마침내 BC 586년이 돼서야 예루살렘이 멸망하게 됩니다. 하나님은 그 성을 보호하신 이유에 대해 바로 한 사람, 다윗 때문이라고 하셨습니다.

"대저 내가 나를 위하며 내 종 다윗을 위하여 이 성을 보호하며 구원하리라 하셨나이다 하니라"(사 37:35).

다윗의 어떤 점 때문에 한 사람으로 인해 예루살렘 성의 멸망이 늦춰진 것일까요. 그것은 다윗이 한 오직 한 가지 일, 하나님의 집에서 그의 아름다움을 앙망했기 때문입니다. 하나님께서는 다윗과의 그 아름다운 추억 때문에 예루살렘 성의 멸망을 늦추신 것입니다.

내가 여호와께 바라는 한 가지 일 그것을 구하리니 곧 내가 내
평생에 여호와의 집에 살면서 여호와의 아름다움을 바라보며
그의 성전에서 사모하는 그것이라 시 27:4

한 사람의 온전한 예배가 하나님께는 한 나라의 멸망을 지연할 만큼 아름다운 추억인 것입니다. 성경암송기도는 바로 다윗의 예배와 같은 것입니다. 오직 하나님의 아름다움만을 앙망하기 위해 우리 안에 임재하신 성령님을 향하는 것입니다.

암송은 어쩌다 한 번 할 수 있는 것이 아닙니다. 늘 언제나 한결같이 붙들어야만 유지할 수 있는 것입니다. 하나님께서 성령으로

우리를 거처로 삼으시니, 이제는 우리의 몸이 하나님의 장막입니다. 아침 기도시간뿐 아니라 하루 종일 우리는 암송기도로 우리 몸의 장막 안에 계신 성령님을 바라보며 주의 아름다움을 사모해야 하겠습니다.

예수님을 더 사랑하라

조국 대한민국을 위한 암송금식기도를 시작하기 전, 성령님은 복음적인 금식의 의미를 놓치면 안 된다고 조명해주셨습니다. 금식의 본질은 단순히 음식을 끊는 것이 아니며, 신랑과 함께하는 것임을 알려주셨습니다(막 2:18-20). 문제 해결을 위한 것이 금식의 목적이 되어서는 안 된다고 가르쳐주신 겁니다.

그래서 저는 예수님을 더 사랑하기를 소원하는 마음으로 금식을 시작할 수 있었습니다. 마찬가지로 암송기도 또한 단순히 말씀을 외우는 것이 아닙니다. 암송한 말씀이 제 삶에 이루어지기를 바라는 것입니다.

살리는 것은 영이니 육은 무익하니라 내가 너희에게 이른 말은 영이요 생명이라 요 6:63

이 말씀은 제 삶에서 아주 오랫동안 깊이 묵상해오고 있는 구절입니다. 저는 이 말씀을 의지하여 성경의 글자들이 하나님의 살아 있는 음성이 되어 제 안에 생명이 되게 하기 위해 암송으로 자아를 부인하는 기도를 하고 있습니다. 금식과 암송은 제 안에 계신 주님을 사랑하는 도구일 뿐입니다.

금식과 암송으로 주님의 얼굴을 구할수록 제 부족함과 연약함이 더 적나라하게 드러나 절망했습니다. 작은 일에 쉽게 마음이 상하고, 용납하지 못하고, 배려하지 못하고, 세속적이고, 작은 것을 쉽게 무시하는 제 모습을 보게 되었습니다. 경건의 겉모습만 있고 능력이 없는 저는 사형수요, 죄인 중에 괴수입니다.

하지만 이렇게 절망하면서도 한편으로는 감사했습니다. 사형수인 저를 십자가에 못 박아주셨기 때문입니다. 사형수로서의 자아가 십자가에 예수님과 함께 못 박혀 있음을 믿기에 저는 다시 신랑 되신 예수님의 얼굴을 바라볼 수 있습니다.

십자가 안에서의 제 이상적 자아와 현실적 자아의 갈등의 차이는 점점 더 커집니다. 두 갈등 구조에서 도저히 제 힘으로 빠져나올 수가 없습니다. 오직 예수님과 함께 못 박힌 십자가의 중심에서만 해결됩니다.

암송을 통한 주님의 응답

약 1년 전부터 천천히 진행해오던 마가복음 암송이 21일 금식기도를 마치던 날에 완성되었습니다. 그리고 마가복음 전체를 복습 암송하면서 9장을 통해서 응답의 두 가지 말씀을 주셨습니다.

첫째, 예수님께서 엘리야가 먼저 와서 모든 것을 회복해야 한다고 말씀하셨습니다(막 9:11-13). 여기서 엘리야는 세례 요한을 가리키고 있습니다(눅 1:13-17). 엘리야는 기도로써 하나님의 불이 제단에 임하는 놀라운 능력을 체험했습니다. 그리고 백성들에게 여호와께서 참하나님이심을 보이며 그들의 마음을 하나님께로 돌이키는 회개를 외쳤습니다(왕상 18:37-39, 말 4:5,6). 세례 요한은 정확히 이러한 엘리야의 심령과 능력으로 와서 메시아의 초림을 예비한 구약의 마지막 선지자입니다.

세례 요한도 엘리야와 같이 기도의 선지자요, 능력의 선지자였습니다. 하지만 복음서에는 그가 능력을 나타냈다는 묘사가 직접적으로 없습니다. 그러나 예수님께 파송된 제자들이 귀신을 쫓아내고 병자들을 고쳤을 때 헤롯이 죽은 세례 요한이 살아났다고 표현한 것을 통해 그도 놀라운 능력을 나타냈던 것으로 보입니다(막 6:12-14).

또한 그는 광야에서 죄사함을 얻게 하는 회개의 세례를 선포하며 초림 메시아가 오실 길을 예비했습니다. 말라기 선지자 이후 400여 년의 암흑기 동안에 엘리야의 심령과 능력으로 올 세례 요한 한 사람이 준비되어 메시아의 길이 예비되었던 것입니다.

예수 그리스도를 통해 교회가 탄생했습니다. 교회의 탄생 이래 약 2,000년이 지난 지금은 말세입니다. 요즘 저는 지구상의 교회들이 큰 어려움을 겪는 것으로 볼 때 마치 세례 요한이 탄생하기 전의 암흑기와 같다고 느꼈습니다. 그가 기도로 하나님의 능력을 나타내고 하나님나라를 선포하며 초림 메시아를 예비한 것같이 암흑기인 지금 전 지구상의 교회에 속한 지체들이 기도로써 능력 있는 모습으로 일어서서 회개를 외쳐야 할 것입니다.

"하나님의 자녀들이여! 엘리야의 심령을 가지고 세례 요한처럼 일어나 광야에서 회개의 복음을 선포하여 주의 재림의 길을 예비합시다!"

둘째, 어릴 때부터 벙어리이고 귀먹은 아이 속에 있는 귀신을 주께서 내쫓으셨습니다(막 9:25-29). 앞서 얘기했던 마가복음 9장 29절의 '기도'는 성경의 다른 사본에는 '금식과 기도'로 표현되어 있습니다. 예수님께서도 금식기도의 중요성을 말씀하신 것인데, 더러운 귀신이 기도와 금식으로 떠나갈 수 있다고 하신 것이지요. 그래서 저는 이렇게 선포했습니다.

"하나님의 나라에 대해 벙어리 되고 귀먹은 귀신아, 주 예수 그리스도 이름으로 명하노니 떠나갈지어다! 나에게서 떠나갈지어다! 내 가족에게서 떠나갈지어다! 조국 한반도에서 떠나갈지어다! 열방과 이스라엘에게서 떠나갈지어다!"

인스턴트 말씀읽기가 아닌 말씀암송으로

장기금식을 끝내고 그 기간 만큼의 보식 기간을 가지면서 성령께서는 음식을 오래 씹는 것이 암송기도에 정확하게 적용이 된다는 것을 깨닫게 해주셨습니다.

평소 저는 식사를 할 때 음식을 제대로 씹지 않고 허겁지겁 빨리 넘기는 나쁜 습관이 있었습니다. 배만 채우기 위해 급급한 나머지 맛도 느끼지 않고 대충 씹어 넘겼던 것입니다. 그런데 장기금식을 끝내고 보식을 하면서 위를 더욱 보호하고 싶은 생각이 들었습니다. 그래서 보식 기간에 미음, 반 죽, 반 된죽, 된죽을 순서대로 섭취하면서 철저하게 오래 씹는 새로운 습관이 생겼습니다. 그러면서 오래 씹을수록 음식의 종류마다 고유한 깊은 맛이 있다는 것과 위장이 거의 완벽하게 소화시키는 것을 체험할 수 있었습니다.

그리고 더욱 감사한 것은 음식을 오래 씹는 것이 묵상의 본질인 반추(턱을 움직여 되새김질하는 것), 즉 암송기도와 깊은 관련이 있음을 알게 된 것입니다.

첫째, 밥을 충분히 씹어 삼킬 때 위장이 훨씬 부담을 덜 느끼며 쉽게 소화시켜서 건강한 몸이 세워집니다. 마찬가지로 우리가 턱을 움직여 입으로 소리 내어 반복 암송할 때 잘 소화된 말씀들이 영의 양식이 됩니다. 음식을 소화시키는 대부분의 내장기관들은 우리의 의지와 상관없이 움직이는 불수의근(不隨意筋)입니다. 이 불수의근들을 섬기기 위해서는 우리의 의지대로 움직일 수 있는 맘대로근인 턱을 움직여서 치아로 잘 씹어 넘겨줘야 합니다. 그럴 때 소화가 잘 이루어져 온몸이 건강하게 됩니다.

몸의 건강이 무너지면 마음도 영도 무너지기가 쉽습니다. 이렇듯이 음식을 대충 씹어 넘기는 것과 말씀을 오래도록 암송하여 묵상하지 않는 것은 우리의 육, 혼, 영을 힘들게 합니다. 반면 음식을 오래 씹고 말씀을 암송하며 반추하는 것은 우리의 영적 건강에 필수입니다.

오래도록 말씀을 암송하여 반추할 때 강건해진 영이 마음(지, 정, 의)을 지키고, 영에 의해 통제된 마음이 육체에 영향을 주어 몸의 순종으로 나아가게 됩니다. 암송으로 잘 소화되어 묵상된 말씀들이 온 지체들(영, 혼, 육)을 서로 연결하고 연합시켜 각 지체의 분량대로 역사하여 사랑 안에서 스스로 세우는 원리인 것입니다(엡 4:16).

둘째, 음식을 오래 씹으면 비만이 치료가 되듯 오랫동안 말씀을 소리 내어 암송으로 반추할 때 적은 양의 말씀을 가지고도 영적 만족감을 얻어 영적 비만에서 해방됩니다. 음식을 천천히 오래 씹어 넘길 때 적은 양으로도 위는 포만감을 빨리 느끼게 되어 음식을 덜 먹게 된다고 합니다.

율법주의적 삶을 사는 사람들의 특징은 많은 말씀들을 알아야 하는 영적 비만과 말씀을 빨리 이해해야 하는 영적 조급함(급하게 먹는 것)의 영성을 가지고 있습니다. 아침에 쫓기듯이 성경읽기를 후다닥 해치우고 나가는 모습이 바로 그렇습니다. 그러나 말씀을 오랜 시간 암송하며 반추할 때 적은 양의 말씀일지라도 우리의 영혼에 잘 흡수되어 영적인 만족을 얻게 됩니다. 그래서 영적 비만과 조급함에서 벗어날 수 있습니다.

셋째, 오래 씹을 때 음식의 고유한 맛을 느낄 수 있는 것과 같이 턱을 움직여서 오랫동안 말씀을 반복 암송하고, 암송된 말씀을 다시 끄집어내어 반추하여 묵상할 때 말씀 속에 있는 깊은 영적 의미를 깨닫게 됩니다.

보식 기간 동안 오래 씹기를 시작할 때 한 번은 옛 습관이 튀어나와 많은 양의 음식을 입에 넣고 씹으려고 했습니다. 그러자 오래 씹는 것이 쉽지 않았습니다. 저는 적당한 양의 음식을 입에 넣

어야 오래 씹기가 훨씬 수월할 뿐만 아니라 음식 고유의 맛도 느
낄 수 있다는 걸 알게 되었죠.

성경암송기도도 마찬가지입니다. 처음 요한복음 14장 16절을
가지고 성경암송기도를 했을 때, 한 구절 전체가 아닌 작은 의미
의 단위로 나눠서 각각 30분 정도씩 반복했습니다. 그때 작은 의
미의 단위인 "내가 아버지께 구하겠으니"라는 세 단어를 수없이
되새김질로 반복하며 반추하는 동안 제 옛 지식에서 나오는 것이
아닌, 새로운 깊은 의미의 말씀을 체험했습니다.

넷째, 턱을 움직여 치아를 맞부딪칠 때 뇌에 자극을 주어 뇌 기
능이 활성화되면서 기억력이 좋아지고, 이로 인해 치매 예방과 노
화 방지가 된다고 합니다. 이와 같이 암송한 말씀을 수시로 끄집
어내어 반추하며 묵상하면 기억력이 좋아져서 치매가 예방되는,
효과를 얻게 됩니다. 정신과 육체가 건강해지고, 영적 노화도 늦
춰져 항상 청년의 마음으로 교회를 섬기게 됩니다.

대부분의 많은 사람들이 바쁜 삶 속에서 음식을 오래 씹지 않는
경향이 있습니다. 이와 같이 많은 크리스천들도 이 세대의 흐름에
따라 말씀을 인스턴트 식으로 빨리 먹으려는 경향이 있습니다. 아
침에 시간이 없다는 핑계로 묵상을 대충 눈으로 성경을 읽고 (대

충 씹어 넘기고 나서) 옛 지식(옛 가죽부대)으로 자신이 이해할 수 있는 수준의 지식을 확인하는 정도에 머무릅니다. 또 지극히 작은 이성으로 자기에게 도움이 되는 말씀만을 빨리 찾고자 합니다. 그러나 이것은 묵상의 본질이 아닙니다.

  기도는 우리 삶의 열쇠입니다. 기도는 내가 하는 것이 아니라 예수님께서 인도하시는 기도가 되어야 합니다. 예수님께서는 우리가 기도하게 하시기 위해 말씀으로 이끄십니다. 우리의 기도가 주님께서 이끄시는 기도가 되기 위해서는 말씀을 대하는 태도가 중요합니다. 소리 내어 암송으로 반추하는 것은 말씀을 영적으로 가장 잘 소화되게 해서 주께서 원하시는 기도로 우리를 이끕니다.
  말씀이신 주님께서 빵의 기적을 통해 자신이 생명의 빵이심을 계시하셨습니다. 위대하신 하나님께서 평범한 빵에 자신을 계시하신 것은 놀라운 신비 중 하나입니다. 예수님께서 우리를 구원하시기 위해 십자가에서 자신의 살을 찢으시기 전에 먼저 빵을 찢어 주시면서 "이것이 내 몸이니 나를 먹으라" 하신 것은 암송기도와 깊은 관련이 있습니다. 오랫동안 음식을 잘 씹을 때 그 음식이 결국 나의 피와 살이 되듯이 영적 양식인 말씀도 오래 반복 암송하여 반추할 때 주님의 피와 살을 먹게 되고 영적으로 강건해지는 것입니다.

모든 성도들에게 영적인 양식인 말씀을 먹는 습관을 오래 되새길 수 있는 암송기도가 정말 필요합니다. 말씀을 눈으로만 읽는 습관에서 소리 내어 암송하여 반추하는 습관으로 바뀔 때 우리의 삶 가운데 영적인 지진이 일어날 것입니다.

에 필 로 그

인생의 전환기마다 함께한
성경암송

놀라운 하나님의 역사 체험

건물의 한 면이 모퉁이를 만나면 90도로 방향이 바뀝니다. 예수 그리스도께서는 모퉁잇돌이십니다(엡 2:20). 그러므로 우리가 예수 그리스도를 만나면 삶의 방향이 바뀌고, 하나님의 새로운 부르심 가운데로 나아가게 됩니다. 예수 그리스도를 확실히 만나는 최고의 방법은 성경을 암송하며 성령님을 향하는 것입니다.

21일 암송금식기도를 하면서 성령께서는 제 지나간 삶을 돌아보게 하셨습니다. 그리고 삶 가운데 중요한 전환기마다 성경암송을 새롭게 시도한 것이 중요한 역할을 했다는 것을 새삼스레 알게 되었습니다.

서른 살이 훌쩍 넘어 예수님을 인격적으로 만나고 1997년에 십자가의 도를 깊이 깨달았을 무렵, 저는 십자가 관련 성경구절을 영어로 암송했습니다. 십자가 성경구절 암송으로 제 삶에 있어서 중요한 전환기를 맞이했습니다. 그렇게 1년이 지나고 난생처음으로 새벽기도와 노방전도를 하기 시작했으며, 그 다음 달에는 자연스럽게 야고보서를 영어로 암송하게 되었습니다.

그런데 새롭게 야고보서 암송을 했던 그 달에 하나님께서는 음악가의 길을 가던 저를 주의 종으로 부르셨습니다. 결국 십자가 관련 구절과 야고보서를 영어로 암송하게 된 것은 주의 종의 부르심과 미국으로 오게 되는 중요한 동기가 되었고, 현재 뉴욕에서 영어로 세계 열방에 복음을 전할 수 있게 된 중요한 영적 자산이 되었습니다.

미국에 와서는 청년부 담당 교역자로 섬겼습니다. 그러던 중 2006년 9월부터 신약에 있는 성령님에 대한 성경구절을 영어와 한국어로 암송하게 되었는데, 그것은 현재 맨해튼, 타임스퀘어, 브루클린에서 열방과 이스라엘 선교 사역을 위해 홀로 서기 위한 새로운 기름부으심을 받는 귀한 통로가 되었습니다.

지나간 삶을 돌이켜보니 인생의 중요한 전환점들마다 새로운 성경암송 시도가 있었습니다. 하지만 의도적으로 암송한 건 아니었습니다. 성경암송은 우리가 생각하는 것 그 이상의 놀라운 하나님의 역사를 체험케 합니다.

아름다운 암송 소리

2012년 가을, 첫째 딸 예림이가 다니는 고등학교에 둘째 예원이가 입학하면서 저는 두 딸을 학교에 차로 데려다주게 되었습니다. 아이들을 차에 태우고 제일 먼저 축복기도를 해주고 나서 운전을 하며 함께 성경암송을 했습니다. 아이들이 자연스럽게 암송을 따라 할 수 있도록 2년 전부터 시작한 일이었지요.

그러던 어느 날, 아이들을 학교에 데려다주면서 제가 암송했던 방식 그대로 의미 단위로 짧게 끊어서 여러 번 반복하여 귀에 들려주었습니다. 처음에는 많은 구절을 암송시키고자 하는 욕심 없이 한 구절을 시작했습니다. 그렇게 자연스럽게 계속하게 되었고, 2년이 지나자 아이들이 50절 정도를 거뜬히 암송하게 되었습니다.

둘째가 중학생이었을 때는 첫째와 둘째를 따로 바래다주었기에 뒷좌석의 암송 소리가 모노(Mono)였는데 요즘은 두 딸의 소리가 스테레오(Stereo)로 들립니다.

저는 아이들의 암송 소리를 통해 하나님의 마음을 알게 되었습니다. 전 세계에 흩어져 있는 자녀들이 같은 시간에 또는 서로 다른 시간에 지구 곳곳에서 아버지의 뜻이 담긴 말씀을 소리 내어 암송한 말씀을 선포 한다면 그 소리를 하나님께서 얼마나 아름다운 스테레오 찬양으로 들으실까요!

성령님께 더 가까이

성도가 하나님을 얼마나 사랑하는지 알 수 있는 간단한 기준이 있는데, 그중 하나가 바로 "성경을 읽는 태도"입니다. 기도, 찬양, 예배, 봉사, 전도, 영적전쟁 등 신앙생활의 핵심이 성경이기 때문이죠.

하나님의 자녀들은 목자 되신 하나님의 음성을 들어야 하고(요 10:27), 그러기 위해서는 성경을 읽어야 합니다. 어떤 태도든지 성경을 읽는 목적은 성령님을 바라보기 위한 것이어야 합니다. 왜냐하면 글자는 죽이는 것이지만(고후 3:6), 성령님은 바로 하나님의 음성을 들려주시며 하나님을 더 사랑하도록 인도하시기 때문입니다.

그러나 진리의 성령이 오시면 그가 너희를 모든 진리 가운데로 인도하시리니 그가 스스로 말하지 않고 오직 들은 것을 말하며 장래 일을 너희에게 알리시리라 요 16:13

소망이 우리를 부끄럽게 하지 아니함은 우리에게 주신 성령으로 말미암아 하나님의 사랑이 우리 마음에 부은 바 됨이니 롬 5:5

여러 가지 유형 중 성령님을 가장 잘 바라볼 수 있는 방법은 바로 '암송'입니다. 왜냐하면 성령님께서 쓰신 성경이 성령님을 바라보는 최고의 도구이기에 성경의 글자를 소리 내며 자아를 비울 때 가장 효과적으로 성령님께 집중되기 때문입니다.

이 책을 통해 이러한 암송기도의 본질을 알게 됐다면 자아를 부인하며 성령님께 더 잘 집중하기 위해 성경암송을 무조건 시작하십시오. 그리고 결코 포기하지 마십시오. 반드시 하나님께서 원하시는 새로운 부르심 가운데로 계속해서 나아가게 될 것입니다.

자아를 부인하며 성령님께 더 잘 집중하기 위해
성경암송을 무조건 시작하십시오.
그리고 결코 포기하지 마십시오.
반드시 하나님께서 원하시는
새로운 부르심 가운데로
계속해서 나아가게 될 것입니다.

말씀으로 기도하라

초판 1쇄 발행	2013년 8월 19일
초판 25쇄 발행	2022년 2월 28일

지은이　　　지용훈

펴낸이　　　여진구
책임편집　　김아진
편집　　　　이영주 정선경 진효지 최현수 안수경 김도연 최은정 정아혜
디자인　　　마영애 노지현 조은혜
기획·홍보　 김영하
마케팅　　　김상순 강성민 허병용　　　　마케팅지원　최영배 정나영
제작　　　　조영석 정도봉　　　　　　　　경영지원　　김혜경 김경희

303비전성경암송학교 유니게과정　박정숙 최경식
이슬비전도학교 / 303비전성경암송학교 / 303비전꿈나무장학회　여운학

펴낸곳　　　규장

주소　06770 서울시 서초구 매헌로 16길 20(양재2동) 규장선교센터
전화　02)578-0003　팩스　02)578-7332
이메일　kyujang0691@gmail.com　　　　홈페이지　www.kyujang.com
페이스북　facebook.com/kyujangbook　인스타그램　instagram.com/kyujang_com
카카오스토리　story.kakao.com/kyujangbook
등록일　1978.8.14. 제1-22

ⓒ 저자와의 협약 아래 인지는 생략되었습니다.
이 출판물은 저작권법에 의해 보호를 받는 저작물이므로 무단 전재와 무단 복제를 할 수 없습니다.

책값　뒤표지에 있습니다.

ISBN 978-89-6097-315-2 03230

이 도서의 국립중앙도서관 출판시도서목록(CIP)은 서지정보유통지원시스템 홈페이지(http://seoji.nl.go.kr)와
국가자료종합목록구축시스템(http://www.nl.go.kr/kolisnet)에서 이용하실 수 있습니다.
(CIP제어번호 : CIP2013014932)

규 | 장 | 수 | 칙

1. 기도로 기획하고 기도로 제작한다.
2. 오직 그리스도의 성품을 사모하는 독자가 원하고 필요로 하는 책만을 출판한다.
3. 한 활자 한 문장에 온 정성을 쏟는다.
4. 성실과 정확을 생명으로 삼고 일한다.
5. 긍정적이며 적극적인 신앙과 신행일치에의 안내자의 사명을 다한다.
6. 충고와 조언을 항상 감사로 경청한다.
7. 지상목표는 문서선교에 있다.

하나님을 사랑하는 자 곧 그의 뜻대로 부르심을 입은 자들에게는 모든 것이 合力하여 善을 이루느니라(롬 8:28)

Member of the
Evangelical Christian
Publishers Association

규장은 문서를 통해 복음전파와 신앙교육에 주력하는 국제적 출판사들의
협의체인 복음주의출판협회(E.C.P.A-Evangelical Christian Publishers
Association)의 출판정신에 동참하는 회원(Associate Member)입니다.